Wilde Tierkinder

Die schönsten Bilder junger Tiere

Wilde Tierkinder

Die schönsten Bilder junger Tiere

Ravensburger Buchverlag

Inhalt

Die Savanne   12

Der Löwe   15
Die ersten Lebenstage   16
Familienbande   16
Verschiedene Wege   17

Das Flusspferd   19
Schwerelos   20
Programmiert für ein
Leben im Wasser   20
Empfindliche Haut   21

Die Giraffe   23
Tief hinab   24
Hoch hinaus   24
Eine ungewöhnliche Gangart   25

Die Hyäne   27
Gesunder Appetit   28
Wehrhaftes Tierkind   28
Verkannte Jäger   29

Das Zebra   31
Wirkungsvolle Fliegenabwehr   32
Bestens getarnt   32
Unverwechselbare Muster   33

Der Leopard   35
Haare von großem Nutzen   36
Fell mit apartem Muster   36
Auf leisen Sohlen   37

Der Strauß 39
Klein und zart 40
Weltmeister im Langstreckenlauf 41
Vogel mit Bodenhaftung 41

Das Nashorn 43
Kleiner Naseweis 44
Eine fürsorgliche Mutter 44
Die Savanne kennenlernen 45

Der Gepard 47
Der geborene Sprinter 48
Spikes an den Pfoten 48
Jagdunterricht 49

Der Elefant 51
Wichtige Lehrzeit 52
Ein merkwürdiges Ding 52
Gut fürs Bad, gut für die Freundschaft 53

Der Pavian 55
Aufwendige Säuglingspflege 56
Mit den Großen auf Tour 57
Spielend lernen 57

Das Krokodil 59
Wohlbehütet 60
Im Wasser ein König 61
An Land unbeholfen 61

Die Gazelle 63
Eine grazile Erscheinung 64
Allein auf weiter Flur 64
Große Sprünge 65

Der Büffel 67
Schnell zurück zu den anderen 68
Im Schoß der Herde 68
Gut beschützt von den Großen 69

Das Warzenschwein 71
Erste Ausflüge 72
Gras, Gras und nochmal Gras 72
Alles unter Kontrolle 73

Tiere der Berge 74

Das Murmeltier 77
Eine große Familie 78
Ein Langschläfer 79
Ein gutes Miteinander 79

Die Gämse 81
Nicht ohne die Mama 82
Sehr verspielt 82
Kletterkünstler 83

Der Braunbär 85
Die Winzlinge 86
Spielend groß werden 87
Sehr sportlich 87

Der Steinbock 89
Die Hörner wachsen mit 90
Hier bin ich der Chef! 90
Ein Tier aus der Urzeit 91

Der Luchs 93
Die ersten Bissen 94
Gemeinsam auf der Jagd 95
Sportliche Spiele 95

Der Steinadler 97
Hops in die Freiheit 98
Ganz auf sich gestellt 99
Erste Jagdversuche 99

Der Mufflon 101
Ein Leben in der Gruppe 102
Gemeinsam den Winter überstehen 103
Achtung, Gefahr! 103

Das Hermelin 105
Die ersten Lebenstage 106
Braun wie die Erde 106
Weiß wie Schnee 107

Der Apollofalter 109
Das Leben beginnt als Raupe 110
Im Schutz der Puppe 110
Eine zweite Geburt 111

Das Alpenschneehuhn 113
Klein aber oho! 114
Der kleine Läufer 114
Bald erwachsen 115

Die Forelle 117
Die ersten Tage 118
Es lebe die Strömung! 119
Die Verwandlung 119

Bilderrätsel 120

Tierquiz 126

Lösungen 130

Glossar 133

Die Savanne

Eine weite Ebene, Gras, vereinzelte Bäume, Sträucher – so sieht die Landschaft der afrikanischen Savanne aus. Anders als in der Wüste wachsen hier zwar Pflanzen, Wasser ist dennoch knapp. Es ist immer heiß in der afrikanischen Savanne, und doch wird ihr typischer Charakter von zwei Jahreszeiten geprägt: der Regen- und der Trockenzeit. Die in der Trockenzeit vorherrschenden Gelbtöne werden vom Regen in ein üppiges Grün verwandelt, und nahrhafte Gräser bedecken das weite Land. Einige Tiere, wie das Zebra, bekommen jetzt ihre Jungen. Doch die Zeit des Überflusses hat bald ein Ende. Wenn mit Beginn der Trockenzeit das noch nicht abgeweidete Gras verdorrt und die Nahrung versiegt, nimmt die große Tierwanderung ihren Anfang. Huftiere, vor allem Gnus und Zebras, wandern zu Tausenden dorthin, wo frische Gräser und Kräuter auf sie warten.

Löwe, Elefant, Strauß, Büffel, Gazelle, Flusspferd, Affe und viele Tiere mehr – die wilde afrikanische Savanne ist ein großartiger Lebensraum, in dem alle Bewohner ihr Auskommen haben.

Die Savanne erstreckt sich über einen Teil des afrikanischen Kontinents südlich der Sahara. Sie gehört zu den letzten Regionen der Welt, in denen sich noch riesige Tierherden auf Wanderschaft beobachten lassen.

Der Löwe

Im Schatten einer Akazie liegen einige ausgewachsene Löwen und dösen vor sich hin. Fünfzehn quirlige Löwenkinder halten nichts von Mittagsschlaf und tollen herum. Sie sind gleichaltrig und miteinander verwandt: Schwestern, Brüder, Cousins und Cousinen. Spielen ist ihre Hauptbeschäftigung. Sie kugeln wild durcheinander, liefern sich Rennen und Verfolgungsjagden, springen sich an und tollen aufeinander herum. Harmlose Beißereien gehören dazu, wenn sie im Spiel ihre Kraft erproben und lernen, alle Teile ihres Körpers richtig einzusetzen. Die schläfrigen Erwachsenen werden nicht verschont: Einer verscheucht eine lästige Fliege und hopp! attackiert ein Junges den wedelnden Schwanz. Ein anderes rückt einer Löwin auf den Pelz, schleckt zuerst ihr Maul und erklimmt dann ihren Rücken. Löwen sind sehr geduldig mit ihren Jungen und weisen sie nur selten zurecht.

In den ersten Lebenswochen ist das Löwenkind vollkommen von seiner Mutter abhängig.

Wer bin ich?

Der Löwe

Klasse: Ich gehöre zur Klasse der Säugetiere und bin Fleischfresser.

Größe: Als ausgewachsenes Männchen bin ich 1,20 Meter hoch und als Weibchen 1,10 Meter.

Gewicht: Als Männchen wiege ich etwa 200 Kilogramm und als Weibchen 150 Kilogramm.

Merkmale: Als Männchen schmückt mich eine prächtige Mähne, mit der ich meine Feinde beeindrucken kann. Ich mache mit lautem Gebrüll auf mich aufmerksam.

Wissenschaftlicher Name:
Panthera leo

Die ersten Lebenstage

Löwenbabys kommen mit einem kleinen Tarnanzug zur Welt: Ihr braun geflecktes Fell ist im Savannengras kaum zu sehen. Die Flecken verschwinden nach drei Monaten.

Eine Löwin verlässt ihr Rudel und sucht sich einen ruhigen, geschützten Platz für die Geburt ihrer Kinder. Während der ersten Wochen sind die Kleinen ausschließlich mit ihrer Mutter zusammen. Nur wenn sie auf die Jagd geht oder ihren Durst stillen muss, lässt sie ihren Nachwuchs allein. Ein Wurf umfasst drei bis fünf Löwenjunge. Sie werden blind und ohne Zähne geboren, und sie wiegen kaum mehr als ein Kilogramm. Aber das ändert sich schnell. Bald schon können sie auf ihren noch wackeligen Beinchen stehen und wagen erste tapsige Schritte. Und ehe man sich's versieht, trollen sie ihrer Mutter hinterher. Ab jetzt wird alles anders.

Hat das Löwenkind Hunger, bedient es sich an den Zitzen seiner Mutter oder an den Zitzen einer anderen Löwin! Solange es in der Familie bleibt, machen Löwinnen keinen Unterschied.

Familienbande

Der Löwenclan wartet im Schatten einer Akazie auf die Ankunft der frisch gebackenen Mutter und ihrer Kleinen. Die Weibchen sind alle miteinander verwandt: Sie sind Schwestern, Töchter, Mütter, Großmütter und Cousinen. Auch sie haben vor wenigen Wochen Junge zur Welt gebracht und kümmern sich um die Neuankömmlinge ebenso hingebungsvoll wie um ihre eigenen Kinder. In dieser familiären Kinderkrippe wachsen die kleinen Löwen auf. Auch wenn Löwenmännchen kaum etwas zur Kindererziehung beitragen, sind sie doch geduldige Väter. Ihre wesentliche Aufgabe ist die Revierverteidigung.

Verschiedene Wege

Wenn die Löwenkinder fünf Monate alt sind, bildet sich langsam eine schwarze Quaste am Schwanzende. Die Mähne, die nur die Löwenmännchen bekommen, fängt mit einem Jahr an zu wachsen. Erst nach ungefähr vier Jahren hat sie ihre volle Pracht entfaltet. Die Männchen, die zusammen aufgewachsen sind, erwartet ein völlig anderes Schicksal als ihre Schwestern: Mit ungefähr drei Jahren müssen sie ihre Gruppe verlassen und lernen, allein zurechtzukommen. Die jungen Weibchen leben weiterhin im Kreise ihrer Mütter, Tanten und Cousinen. Bald werden auch sie ihrerseits für Nachwuchs sorgen.

Die Löwenkinder sind gewachsen und haben bereits die kleinen braunen Flecken verloren, mit denen sie geboren wurden.

Löwenväter sind sehr geduldig mit den Jungen. Nur ganz selten wehren sie die übermütigen Spielratze ab.

Das Flusspferd

Runder, draller Körper auf zu kurzen Beinen, großer Kopf, dicklippiges Maul, kleine rosige Ohren – das Flusspferdbaby sieht schon drollig aus und ist außerdem ein Zwerg neben seiner Mutter! Und doch brachte es schon bei der Geburt 30 Kilogramm auf die Waage, zehnmal mehr als ein Menschenbaby. Ob an Land oder im Wasser – stets schmiegt es sich eng an den Körper der Mutter, die ihr Kind nie aus den Augen lässt. Immer ist sie auf der Hut vor Krokodilen, die großen Appetit auf ihr Junges haben. Sogar die eigenen Artgenossen können gefährlich werden, denn manchmal fühlen sie sich durch fremden Nachwuchs gestört. Aber keine Sorge: Die Flusspferdmama ist durchaus in der Lage, ihr Kind gegen diese Angreifer zu verteidigen!

Die Bande zwischen der Flusspferdmutter und ihrem Jungen sind sehr eng. Bis zu sechs Jahre kann die Mutter-Kind-Beziehung dauern.

Wer bin ich?

Das Flusspferd

Klasse: Ich gehöre zur Klasse der Säugetiere und bin Pflanzenfresser.

Größe: Ich bin ungefähr 1,50 Meter hoch und 3,50 bis 4 Meter lang.

Gewicht: Wenn ich ein Männchen bin, wiege ich bis zu 3 Tonnen, und wenn ich ein Weibchen bin, wiege ich 1,5 Tonnen.

Merkmale: Ich verbringe die meiste Zeit im Wasser. Meine Haut sondert eine leicht rosafarbene Flüssigkeit ab, die mich vor der Sonne und vor Infektionen schützt.

Wissenschaftlicher Name:
Hippopotamus amphibius

Schwerelos

Der wissenschaftliche Name Hippopotamus kommt aus dem Griechischen: „hippo" heißt „Pferd" und „potamos" heißt „Fluss". Der Wasserbewohner ist jedoch nicht mit dem Pferd verwandt, sondern nach neuesten Forschungen mit dem Wal. Sein massiger, fassförmiger Körper scheint zu schwer für die kurzen Beine zu sein. Aber man sollte sich nicht täuschen! Die Beine tragen das große, schwere Tier über viele Stunden bei der Nahrungssuche an Land und wenn es darauf ankommt, kann das Flusspferd sogar sehr schnell rennen, freilich nur über kurze Strecken. In seinem Element, dem Wasser, spielt der enorme Körper seinen Trumpf aus: Vom Wasser getragen kommt das Flusspferd mit schwereloser Leichtigkeit voran.

Das Flusspferdkind bleibt stets ganz nah bei der Mutter, die es vor feindlichen Angriffen beschützt.

Programmiert für ein Leben im Wasser

Schon wenige Minuten nach der Geburt kann das Flusspferdbaby laufen und schwimmen. Sofort sucht es die Zitzen der Mutter, um seinen Hunger zu stillen. Während es saugt, atmet es nicht, und seine Nasenlöcher und Ohren sind geschlossen, ganz gleich, ob es festen Boden unter den Füßen hat oder ob es sich in seinem flüssigen Element befindet. Gierig trinkt es ein paar Schlucke und hebt sodann den Kopf, öffnet die Nasenlöcher, schlackert mit den Ohren, atmet tief ein, und das Ganze geht von vorne los. Dreißig Sekunden hält das Kleine durch, ohne Luft zu holen. Bald werden ihm schon zwei Minuten gelingen und einmal erwachsen, schafft es drei bis vier Minuten.

Im Wasser zeigt das massige Flusspferd Eleganz! Es legt seine Vorderbeine eng an den Körper und stößt sich mit den Hinterbeinen vorwärts.

Empfindliche Haut

Flusspferde bevorzugen das Ganzkörperbad. Nur Augen, Ohren und Nasenlöcher sind zu sehen – genug, um die Umgebung zu kontrollieren.

Man glaubt es kaum, aber die Haut des kleinen Flusspferdes ist sehr zart und reagiert auf die heißen Sonnenstrahlen äußerst empfindlich. Kein Wunder also, dass Mutter und Kind den ganzen Tag im und am Wasser verbringen. Das Wasser erfrischt, schützt vor der Sonne und hält die sensible Haut feucht. Seine ersten Lebenswochen verbringt das Flusspferdkind fast ausschließlich im nassen Element. Nachts, wenn seine Mutter auf Nahrungssuche an Land geht und manchmal weit laufen muss, um fündig zu werden, bleibt das Junge in der Obhut eines anderen Weibchens zurück.

Wenn ihm Gefahr droht, erklimmt das Flusspferdkind kurzerhand den Rücken der Mutter.

Die Giraffe

Mit rauer Zunge, dennoch zart und feinfühlig, leckt die Giraffenmutter ihr gerade geborenes Junges ab. Sein Eintritt ins Leben war ein Fall aus zwei Metern Höhe! Giraffenweibchen gebären stehend und während seiner ersten Lebensminuten ist das Junge tatsächlich etwas benommen. Aber Herumtrödeln gilt nicht, denn der verführerische Duft des Neugeborenen könnte einen hungrigen Löwen anlocken. Darum das hingebungsvolle Abschlecken: Der Geruch muss weg! Außerdem will die Mutter ihr Kind motivieren, so schnell wie möglich auf seinen Beinen zu stehen.

Durch das Ablecken des Neugeborenen prägt sich die Giraffenmutter den Geruch ihres Kindes ein, um es später auch in einer Vielzahl von Artgenossen leicht wiederfinden zu können.

Wer bin ich?

Die Giraffe

Klasse: Ich gehöre zur Klasse der Säugetiere und bin Pflanzenfresser.
Größe: Wenn ich ein Männchen bin, werde ich bis zu 5 Meter hoch, aber nur 4,30 Meter, wenn ich ein Weibchen bin.
Gewicht: Bin ich ein Männchen, wiege ich bis zu 1.800 Kilogramm. Bin ich ein Weibchen, wiege ich ungefähr 800 Kilogramm.
Merkmale: Ich trage zwei kleine Hörner auf dem Kopf, die mit einer Fellquaste verziert sind.

Wissenschaftlicher Name:
Giraffa camelopardalis

Hoch hinaus

Zwei, drei Stunden nach der Geburt ist es soweit: Das Neugeborene steht erstmals auf seinen vier Beinen. Dazu waren mehrere Versuche nötig, denn die langen, staksigen Beine waren sich immer gegenseitig im Weg! Alles am Körper des Giraffenkindes ist lang gestreckt: die Beine, der von einer kurzen Mähne bedeckte Hals, der Kopf, das Maul, die Lippen und sogar die Zunge. Schon jetzt ist es 1,80 bis 2 Meter hoch – die meisten Menschen werden nicht mal als Erwachsene so groß! Im ersten Lebensjahr kommen Monat für Monat circa zehn Zentimeter dazu. Ausgewachsene Giraffenbullen können eine Höhe von fünf Metern erreichen und von da oben die ganze Savanne überblicken!

Wie wir Menschen haben die Giraffen nur sieben Halswirbel. Allerdings misst ein einzelner Giraffenhalswirbel über 30 Zentimeter.

Die Vorderläufe der Giraffe sind länger als die Hinterläufe. Gar nicht so einfach, mit diesem Körperbau die Wasseroberfläche zu erreichen.

Tief hinab

Mit einem derart langen Hals ist es ein Leichtes, auch an die weit oben hängenden Blätter der Akazie, ihr Leib- und Magengericht, heranzukommen. Und wenn das immer noch nicht reicht, zückt die Giraffe ihren Joker: Sie windet ihre schwarze Zunge erstaunliche dreißig Zentimeter aus dem Maul heraus! Nur der Elefant und sein Rüssel könnten der Giraffe ein paar Leckerbissen streitig machen. Beim Trinken zeigt sich aber, dass ein langer Hals auch Nachteile hat: Die Giraffe steht mit weit gespreizten und leicht gebeugten Vorderläufen am Wasser, senkt langsam den Kopf und erreicht gerade mal so das erfrischende Nass.

Eine ungewöhnliche Gangart

Die meisten vierbeinigen Säugetiere bewegen sich vorwärts, indem sie gleichzeitig den rechten Vorderlauf und den linken Hinterlauf und dann den linken Vorderlauf zusammen mit dem rechten Hinterlauf benutzen. Nicht so die Giraffe! Sie setzt im Wechsel die zwei rechten und dann die zwei linken Beine vor. „Im Passgang gehen" wird diese Art der Fortbewegung genannt. Das sieht etwas komisch aus, da der lange Hals bei jedem Schritt zwei Mal von hinten nach vorne schwingt. Ist das Traben auf derart langen Beinen schon nicht ganz einfach, wie sieht dann erst der Galopp aus, den eine fliehende Giraffe anschlägt? Dann wird aus dem Halsschwingen ein ziemlich wildes Hin- und Her- und Vor- und Zurückschleudern!

Bei drohender Gefahr sucht das Giraffenkind Schutz zwischen den Beinen der Mutter. Vor ihrem kräftigen Huftritt sollte sich jeder Angreifer in Acht nehmen!

Von oben haben Giraffen die Savanne voll im Blick. Deshalb bleiben die Zebras immer in ihrer Nähe. Sobald die großen Späher Alarm schlagen, rennen die Zebras los.

Die Hyäne

Es ist Nacht und die kleinen Hyänen sind ganz allein. Ihre Mutter ist mit den anderen Weibchen der Gruppe zur Jagd aufgebrochen und wird erst im Morgengrauen zurückkommen. Kein Grund zur Sorge: Die Jungen sind in dem Erdbau, der extra für sie eingerichtet wurde, gut aufgehoben. Wenn die Neugier sie auch manchmal hinaustreibt, ist es immer nur für einen Moment, sodass ein schneller Rückzug möglich ist. Endlich ist die sehnsüchtig erwartete Mutter wieder da, und die hungrigen Kleinen fangen sofort an zu saugen. Hyänenweibchen haben nur zwei Zitzen und bekommen auch nur ganz selten mehr als ein bis zwei Junge auf einmal, denn ein drittes würde nicht überleben.

Hyänen sind sehr aufmerksame Mütter und verbringen tagsüber sehr viel Zeit mit ihren Jungen.

Wer bin ich?

Die Tüpfelhyäne

Klasse: Ich gehöre zur Klasse der Säugetiere und bin Fleischfresser.
Größe: Ich habe eine Widerristhöhe von maximal 90 Zentimetern und bin 1,40 Meter lang.
Gewicht: Ich wiege zwischen 60 und 80 Kilogramm.
Merkmale: Mein Namensgeber sind die dunklen Tupfen, die mein grau-gelbes Fell bekommt, wenn ich erwachsen bin.

Wissenschaftlicher Name:
Crocuta crocuta

Gesunder Appetit

Kaum auf der Welt, ist das Hyänenkind schon ein ausgesprochener Vielfraß. Mehrmals am Tag sucht es die Zitzen der Mutter auf und trinkt ausgiebig. Die kommenden neun bis zehn Monate wird die reichhaltige Milch seine einzige Nahrung sein, auch wenn es mit etwa fünf Monaten anfängt, sich für die Gerippe der Beutetiere, die die Erwachsenen angeschleppt haben, zu interessieren, und seine Zähnchen daran erprobt. Um den zehnten Lebensmonat herum erweitert sich zwar sein Speiseplan nach und nach um Fleisch, aber Muttermilch muss immer noch sein. Ein richtiger kleiner Fleischfresser wird das Hyänenkind mit zwölf, vielleicht aber auch erst mit vierzehn Monaten sein.

Die Muttermilch der Hyäne ist eine der nahrhaftesten aller Landsäugetiere. Sie gewährleistet ein schnelles Heranwachsen und eine gute Gesundheit der Kleinen.

Wehrhaftes Tierkind

Das Hyänenbaby kommt mit offenen Augen und alles andere als zahnlos zur Welt: In seinem Mäulchen sind vier erste Reißzähne und mehrere erste Schneidezähne zu bestaunen. Kein Zweifel: Das Neugeborene wird einmal ein Fleischfresser sein! Auch sein kleiner Körper deutet schon jetzt darauf hin, vor allem der lange, kräftige Hals und die starken Ober- und Unterkiefer. Irgendwann fallen die Milchzähne aus. Dann wächst ein Gebiss nach, das mit den Knochen jedes Beutetiers fertig wird.

Kopf, Brustkorb und Vorderpfoten der kleinen Hyäne sind kräftig und gut entwickelt – alles Qualitäten, die für die spätere Jagd wichtig sind.

Verkannte Jäger

Die erwachsene Hyäne ernährt sich von Fleisch und Knochen. Die Zähne und starken Kiefer zermalmen die harten Bestandteile der Nahrung, ehe sie ins Verdauungssystem gelangen.

Lange Zeit wurden Hyänen ausschließlich als Aasfresser beschrieben, dabei sind Tüpfelhyänen ausgesprochen gute Jäger. Sie gehen nachts in gut organisierten Teams auf die Jagd. Das Beutetier, auf das sie es abgesehen haben, hat kaum eine Chance. Die Jungen folgen ihren Müttern und lernen, wie es geht. Mit etwa eineinhalb Jahren lassen sie ihre unterirdische Kinderstube hinter sich und folgen den Lockungen der Savanne. Die erlegte Beute wird geteilt und ist ein Festmahl für alle. Da in Hyänenrudeln die Weibchen das Sagen haben, sind sie es, denen die ersten Bissen zustehen.

Hyänen ziehen ihren Nachwuchs zusammen groß. Geht es jedoch ans Säugen, hört die Zusammenarbeit auf: An ihre Zitzen lässt die Hyänenmama nur die eigenen Jungen!

Das Zebra

Es ist Regenzeit in der Savanne. Frisches Gras ist gewachsen, die Wassertümpel sind randvoll, die Akazien tragen zartes Laub. Diese lebensspendende Saison dauert von November bis Mai. Zu Beginn des Jahres, wenn die Savanne in üppigem Grün erstrahlt, erblicken die meisten Zebras das Licht der Welt. Die Zebrastuten finden jetzt Nahrung und Wasser im Überfluss. Das macht auch die Milch, die sie ihren Jungen geben, nahrhaft. Die Neugeborenen können den Erwachsenen problemlos folgen, denn die kurzen Wege zum nächsten frischen Gras sind auch für Kinderbeine zu schaffen. Im Mai, Juni fängt langsam die Trockenzeit an und Nahrung wird knapp. Die große Wanderung der Herde zu besseren Weidegründen erlaubt nun keinen Aufschub mehr. Die Fohlen sind inzwischen kräftig und groß genug, um mithalten zu können.

Das Zebrafohlen lebt in einer etwa zehnköpfigen Familie, die Teil einer großen Herde ist. Das Neugeborene ist die ersten Tage seines Lebens immer in der Nähe der Mutter.

Wer bin ich?

Das Zebra

Klasse: Ich gehöre zur Klasse der Säugetiere und bin Pflanzenfresser.
Größe: Meine Widerristhöhe beträgt 1,10 bis 1,45 Meter.
Gewicht: Ich wiege bis zu 300 Kilogramm.
Merkmale: Wie das Pferd bin ich mit vier kräftigen Hufen ausgestattet, die harte, scharfkantige Ränder haben. Ich kann meine Ohren in alle Richtungen drehen und mein Gehör ist hervorragend.

Wissenschaftlicher Name:
Equus quagga

Bestens getarnt

Zebras ziehen mit ihrem schwarz-weiß gestreiften Fell die Aufmerksamkeit zu stark auf sich, könnte man meinen. Tatsächlich ist jedoch das genaue Gegenteil der Fall. Inmitten des hohen Savannengrases verschmelzen sie so sehr mit der Landschaft, dass ihre Umrisse nicht mehr deutlich zu sehen sind. Hinzu kommt, dass Zebras in großen Herden leben und häufig ganz eng nebeneinander stehen oder laufen. Die unzähligen Streifen verwirren den Betrachter derart, dass er vor lauter Streifen einzelne Tiere nicht mehr erkennt. Am Abend, wenn das Licht schwächer wird, zerlegen die Streifen den Umriss des Zebras scheinbar in Stücke; es wird nahezu unsichtbar. Nicht wahrgenommen zu werden, ist eine hervorragende Strategie, um sich vor Fressfeinden wie Löwen, Hyänen oder Wildhunden zu schützen.

Die Streifen des Zebras sind bei der Geburt braun und werden nach einigen Wochen schwarz.

Wirkungsvolle Fliegenabwehr

Wissenschaftler haben sich viele Gedanken darüber gemacht, warum das Zebrafell gestreift ist. Eine von mehreren Erklärungen ist sehr einleuchtend: Die Streifen könnten ein wirksamer Schutz vor den Stichen der Tsetsefliege sein, die eines der gefährlichsten Insekten der Savanne ist. Vor Millionen von Jahren trugen die Vorfahren der Zebras nämlich kein Streifenkleid. Sie waren von Kontinent zu Kontinent unterwegs und kamen schließlich in Afrika an. Dort trafen sie auf die Tsetsefliege, deren Stiche viele Tiere dahinraffte. Die Neuankömmlinge mussten sich an die neuen Bedingungen anpassen und entwickelten nach und nach das typische Fellmuster. Warum eigentlich Streifen? Ganz einfach: Tsetsefliegen fühlen sich nicht von ihnen angezogen und lassen deshalb die Zebras in Ruhe!

Heute weiß man, dass die Haut unter den Streifen schwarz ist.

Unverwechselbare Muster

Ein Tier sieht wie das andere aus – so ist der Eindruck. In Wirklichkeit hat jedoch jedes Zebra sein unverwechselbares Streifenmuster. Das Erste, was das Neugeborene sieht, ist das Fell seiner Mutter. Dieses Bild gräbt sich tief in sein Gedächtnis ein, und es wird die einzigartige Zeichnung der Mutter nie vergessen. Wie wichtig das eingeprägte Muster ist, zeigt sich spätestens dann, wenn das Fohlen seine Mutter inmitten der großen Herde aus den Augen verloren hat: Sie wiederzufinden, wird nicht lange dauern!

Streifen überall, bis in die bürstenähnliche Mähne hinauf!

Selbst der Schwanz ist gestreift. Er endet in einer Quaste aus langen, dicken Haaren, mit der das Zebra lästige Fliegen verjagt.

Der Leopard

Rundes Köpfchen, kleine Ohren, große Augen, lange Schnurrhaare – zart und empfindlich sieht er aus, der kleine Leopard. Aber das täuscht: Er ist ein drahtiger kleiner Kerl, immer in Bewegung, furchtlos und neugierig. Grund genug für die Leopardin, ihn und seine Geschwister nicht aus den Augen zu lassen. Die kleinen Draufgänger sind so sehr mit den Geheimnissen der Wildnis beschäftigt, dass sie keinerlei Sinn für mögliche Gefahren haben. Allerdings muss die Leopardenmutter ab und zu auf die Jagd gehen und die Kleinen allein zurücklassen.

Die Leopardin kümmert sich in den ersten Lebenswochen sehr liebevoll um ihren Nachwuchs. Die ausführliche Fellpflege gehört natürlich dazu.

Wer bin ich?

Der Leopard

Klasse: Ich gehöre zur Klasse der Säugetiere und bin Fleischfresser.
Größe: Zählt man den Schwanz mit, werde ich über 2 Meter lang.
Gewicht: Ich wiege zwischen 40 und 80 Kilogramm.
Merkmale: Meine Pupillen verengen und weiten sich schnell. Nachts verhelfen mir die stark geweiteten Pupillen zu einer sehr guten Sicht. Dank meiner kräftigen Beine gelingen mir Sprünge von 6 Metern Länge.

Wissenschaftlicher Name:
Panthera pardus

Haare von großem Nutzen

Der Leopard trägt lange Schnurrhaare zu beiden Seiten des Mäulchens, Tasthaare über den Augen und an den Backen und kleine Pinselchen aus Haaren in den Ohren. Sie alle machen den Leoparden zu einem Jäger, vor dem man sich hüten muss. Bei den sensiblen Tasthaaren handelt es sich um hochsensible Instrumente. Sie sind die Antennen des Leoparden. Sie ertasten ein mögliches Hindernis, schon bevor es die scharfen Augen der Großkatze erspäht haben. Absolute Dunkelheit? Für den jungen Leoparden kein Problem! Sein haariges Navigationssystem leitet ihn sicher durch die schwärzeste Nacht.

Im Verhältnis zu seinem kleinen Kopf scheinen die Tast- und Schnurrbarthaare des Jungleoparden etwas zu lang geraten. Aber gerade deren Länge ist für ihn überlebenswichtig.

Ein Tarnanzug, der gute Dienste leistet! Der junge Leopard ist dank seines gefleckten Fells im hohen Gras der Savanne nahezu unsichtbar.

Fell mit apartem Muster

Der kleine Leopard kommt mit seidenweichem braunem Fell zur Welt. Die für Leoparden typischen Flecken erscheinen erst einige Wochen später. Anfangs erinnern sie an ausgestreute Samenkörner auf beigem Grund. Nach und nach nehmen sie ihre bleibende Form an: zwei, drei oder vier dunkle Flecken um eine kleine ockerfarbene Fläche herum. Ein Muster, das nicht umsonst die Bezeichnung „Rosette" trägt! Die Fellfarbe ist so unterschiedlich wie der Lebensraum der Großkatze selbst: mal rostbraun, mal eher grau und mal gelblich.

Auf leisen Sohlen

Ob er eine Beute schlagen oder auf einen Baum klettern will – sobald der Leopard seine Krallen braucht, schnellen sie aus ihren Hauttaschen hervor.

Alles am Leoparden ist darauf ausgerichtet, sich geschmeidig und lautlos an die Beute anzuschleichen. Die federnden Ballen an den Fußsohlen verhindern den Widerhall seiner Schritte auf hartem Boden. An der Innenseite einer jeden Pfote wächst dünnes, weiches Haar, das die Geräusche seiner Bewegungen dämpft und Hindernisse ertastet. Mit seinem leistungsstarken Sehvermögen, auf das er sich auch nachts verlassen kann, seinem hervorragenden Gehör, seinen scharfen Reißzähnen und seinen schlagkräftigen Krallen besitzt der Leopard alle Trumpfkarten für ein Leben im Herzen der Savanne.

Das Fell am Bauch und an den oberen Beininnenseiten ist heller, manchmal fast weiß, und kaum gefleckt.

Der Strauß

Eine Straußenhenne sitzt am Boden und rührt sich nicht. Sie brütet. Ihr Nest ist eine Erdmulde, die sie selbst gegraben hat. Die Eier sind riesig! Um die sechzehn Zentimeter groß und fast eineinhalb Kilogramm schwer! Ein einziges Straußenei ergäbe ein Omelett für eine Großfamilie, für dessen Zubereitung mindestens fünfundzwanzig Hühnereier notwendig wären. Die Sonne verabschiedet sich und versinkt hinter dem Horizont. Das nächtliche Brutgeschäft übernimmt der Straußenhahn. Laut piepsend verkünden die Küken nach etwa vierzig Tagen, dass sie bereit sind, die dicken Eierschalen zu knacken und das Licht der Welt zu erblicken. Da die Eierschalen sehr dick sind, müssen die Küken beim Schlüpfen harte Arbeit leisten, für die manchmal zwei Tage erforderlich sind.

Das schlüpfende Küken hat schon das typische Merkmal des Vogels Strauß: einen langen Hals.

Wer bin ich?

Der Afrikanische Strauß

Klasse: Ich gehöre zur Klasse der Vögel und bin Allesfresser.
Größe: Als Männchen bin ich 2,10 bis 2,75 Meter groß und als Weibchen 1,75 bis 1,90 Meter.
Gewicht: Als Männchen werde ich bis zu 150 Kilogramm schwer.
Merkmale: Ich bin der größte Vogel der Welt und der einzige, dessen Füße nur zwei Zehen haben. Auch mein Hals ist mit bis zu 1 Meter der längste aller Vogelhälse.

Wissenschaftlicher Name:
Struthio camelus

Klein und zart

Etwa zwanzig Eier brüten die Straußeneltern gemeinsam aus. Verglichen mit ihren großwüchsigen Eltern sind die frisch geschlüpften Küken winzig! Ein eigenartiges rehbraunes Daunenkleid bedeckt die zarten Körper. Der Rücken, die Seiten sowie der Hals sind schwarz gefleckt. Die Rückenfedern sind hart und borstig, fast wie Igelstacheln. Als sogenannte Nestflüchter laufen sie kurz nach dem Schlüpfen schon umher und erkunden ihre neue Welt. Alles zu Fuß, denn fliegen kann der kleine Strauß nicht und wird es auch niemals können!

Zum Knacken der dicken Eierschale ist das Küken mit einer „Eischwiele" genannten Verdickung an der Schnabelspitze ausgestattet, die nach dem Schlüpfen abfällt. Bis zu zwei Tage brauchen die Küken, um sich zu befreien.

Das Straußenküken begibt sich schon kurze Zeit nach dem Schlüpfen auf die Suche nach Essbarem.

Vogel mit Bodenhaftung

Das Federkleid der Küken verändert sich, wenn sie größer werden: Die Federn der Straußenhähne werden schwarz und weiß, die der Straußenhennen grau-braun.

Ein Vogel, der nicht fliegt? Es gibt tatsächlich mehrere flugunfähige Vögel und der Strauß ist einer von ihnen. Schuld daran ist eine anatomische Besonderheit: Strauße besitzen keinen Brustbeinkamm. Bei den flugfähigen Vögeln sind die Muskeln, die den Flügeln einen Bewegungsschub geben und so das Fliegen ermöglichen, an diesem kleinen Knochen in der Mitte des Brustbeins befestigt. Kleine Flügelchen hat das Straußenkind ja, und wenn es wächst, wachsen auch sie, aber die Flügelfedern sind dann immer noch weich und struppig – mit schlappen Federn und ohne Brustbeinkamm kann ein Vogel nun mal nicht abheben!

Weltmeister im Langstreckenlauf

Straußenkinder trippeln immer hinter den Großen her und lernen auf diese Weise alles, was für ihr Leben in der Savanne wichtig ist.

Der flugunfähige Vogel Strauß hat im Laufe der Evolution Fähigkeiten entwickelt, die für ihn als Bodenbewohner überlebenswichtig sind. Dank seiner starken, muskulösen Beine kann er sehr schnell laufen und sogar ziemlich lang durchhalten. Sein kleiner, wendiger Kopf mit den großen, scharfen Augen und der lange, bewegliche Hals ermöglichen ihm sowohl einen Weit- als auch einen Rundumblick, sodass er drohende Gefahren schon von Weitem erkennt. Hinzu kommt sein gutes Gehör: Hinter den Augen befinden sich kleine, mit Federn bedeckte Löcher, denen kein Geräusch entgeht. Die Natur hat das Küken bestens für ein Leben in der Wildnis ausgestattet, jetzt braucht es nur noch zu wachsen.

Das Nashorn

Den massigen Körper bringt das Nashorn mit auf die Welt: Um die fünfzig Kilogramm wiegt es bei seiner Geburt; das entspricht dem Durchschnittsgewicht eines Jugendlichen! Und doch wirkt es winzig, wenn es neben seiner imposanten Mutter steht. Seine Haut ist faltig wie ein zu groß geratenes Gewand. Dass die Beine später ein enormes Gewicht tragen müssen, sieht man schon jetzt: Sie sind kurz, dick und kräftig. Das Horn, dem es seinen Namen verdankt, ist bisher nichts weiter als ein kleiner Wulst, der auch in drei, vier Wochen nicht viel mehr als ein kleiner Höcker sein wird. Mit sechs Monaten wird der kleine Dickhäuter so groß sein, dass er mit seiner Nase die Zitzen der Mutter berühren kann.

Es dauert mehrere Jahre, bis aus dem kleinen Höcker auf der Nase ein richtiges Horn geworden ist.

Wer bin ich?

Das Nashorn

Klasse: Ich gehöre zur Klasse der Säugetiere und bin Pflanzenfresser.
Größe: Ich messe bis zu 4 Meter vom Maul bis zum Schwanzansatz und bis zu 1,80 Meter in der Höhe. Mein Schwanz kann 70 Zentimeter lang werden.
Gewicht: Ich wiege bis zu 3,6 Tonnen.
Merkmale: Ich habe zwei Hörner: ein längeres auf der Nase und ein kurzes oberhalb davon auf der Stirn.

Wissenschaftlicher Name:
Ceratotherium simum für das Breitmaulnashorn,
Diceros bicornis für das Spitzmaulnashorn

Eine fürsorgliche Mutter

Die Mutter-Kind-Beziehung ist eng. Die ersten zwei, drei Jahre sind die beiden unzertrennlich. Seinem Vater, der als Einzelgänger in der weiten Savanne unterwegs ist, wird das Nashornkalb hingegen nie begegnen. Heranwachsen, überleben, seinen Lebensraum erkunden – das Kleine muss sich voll und ganz auf seine Mutter verlassen. Aber das kann es auch: Die Nashornmama bringt ihrem Kind bei der Erziehung viel Aufmerksamkeit und Zuwendung entgegen.

Gleich nach der Geburt leckt die Nashornkuh ihr Kalb gründlich ab. Dadurch ermutigt sie es, aufzustehen und ein paar Schlucke Milch zu trinken. Und, was ganz wichtig ist, über das Schlecken prägt sie sich den Geruch ihres Kindes ein.

Kleiner Naseweis

Die ersten Wochen nach der Geburt leben Mutter und Kind im Verborgenen. Sie meiden das offene Grasland und halten sich lieber im Schutz der Bäume und Büsche auf. Doch dann lernt das Nashornkind nach und nach seine Umgebung kennen. Auf ersten Streifzügen schmiegt es sich eng an den massigen Leib der Mutter und ahmt sie in allem nach, was sie tut. Die Nashornmama beobachtet aufmerksam die Gegend und wehe, jemand wagt es, sich zu nähern! Ein Stoß mit dem mächtigen, spitzen Horn wäre ihm sicher! Ein ausgewachsenes Nashorn muss die Jäger der Savanne nicht fürchten, aber dem Jungen kann ein Rudel Hyänen durchaus gefährlich werden.

Sollte es doch einmal vorkommen, dass Mutter und Kind einander verlieren, stoßen beide angsterfüllte, spitze Schreie aus.

Während des Umherstreifens weicht das kleine Nashorn nicht von der Seite seiner Mutter. Sie ist der beste Schutz vor hungrigen Jägern.

Die Savanne kennenlernen

Schon wenige Monate nach der Geburt bekommt das Nashornjunge Appetit auf die leckeren Gräser und Kräuter, die seine Mutter immer frisst. Hier und da nimmt es eine Kostprobe. Die Zeit des Säugens ist jedoch noch lange nicht vorbei und endet möglicherweise erst, wenn das Kleine bereits achtzehn Monate alt ist. Aber dann geht es mit dem Lernen erst so richtig los! Die Mutter zeigt ihrem Kind alle Gräser, Kräuter und Blätter, von denen es sich künftig ernähren wird, und wo sie zu finden sind. Auch die nächstliegenden Wasserstellen lernt es kennen. Da es wie alle Tierkinder lebhaft und verspielt ist, hat es irgendwann genug vom Lernen und rennt in wildem Galopp um seine Mutter herum, stürzt sich, als wäre er ein Feind, auf den nächstbesten Busch, bleibt dabei aber immer in sicherer Nähe zur Mama!

Die Nashornmutter ist sehr geduldig. Wenn ihr Kind sich an ihr reiben will, lässt sie es gewähren.

Der Gepard

Auf einem Erdhügel thronen eine Gepardin und ihr wenige Monate alter Nachwuchs. Es wird Zeit, dass die Kleinen ihr Revier kennenlernen, und sie betrachten es voller Neugier. Mit ihren kleinen Köpfen, den runden Ohren und den markanten schwarzen Strichen von den Augenwinkeln bis zum Mäulchen sehen sie aus wie ihre Mutter in Kleinformat. Sie tragen auch schon das prächtige Fell mit den vielen dunklen Flecken. Aber die silbrige Rückenmähne, das Merkmal der Kindheit, ist ihnen noch geblieben. Und das ist ein Glück, denn nur sie garantiert den Kleinen eine perfekte Tarnung, wenn sie allein sind. Wenn ihre Mutter auf der Jagd ist, ducken sie sich ins hohe Gras, und im gleißenden Sonnenlicht werden Silbermähnen und Savannengräser eins.

Liebevoll leckt die Gepardenmama dem Nachwuchs das Fell. Die Umgebung behält sie dabei immer im Blick.

Wer bin ich?

Der Gepard

Klasse: Ich gehöre zur Klasse der Säugetiere und bin Fleischfresser.
Größe: Vom Maul bis zum Schwanzansatz messe ich bis 1,5 Meter und mein Schwanz ist 60 bis 80 Zentimeter lang. Meine Widerristhöhe beträgt 70 bis 90 Zentimeter.
Gewicht: Ich wiege bis zu 65 Kilogramm.
Merkmale: Mein athletischer Körper und meine besonders langen Beine befähigen mich, 6 bis 8 Meter große Schritte zu machen.

Wissenschaftlicher Name:
Acinonyx jubatus

Der geborene Sprinter

Das Aussehen des kleinen Gepardenkindes lässt bereits erahnen, dass es einmal ein flinker Jäger sein wird. Mit dem schlanken Körper, den kräftigen hohen Beinen und seinem langen Schwanz ist es bestens darauf vorbereitet, als Erwachsener Höchstgeschwindigkeiten zu erzielen. Tatsächlich sind ausgewachsene Geparden die schnellsten Landsäugetiere der Welt. Sie erreichen eine Geschwindigkeit von fast einhundert Kilometern in der Stunde. Dieses Rekordtempo können die Tiere aber nur wenige hundert Meter durchhalten, deshalb versuchen sie sich möglichst nahe an ihre Beute heranzuschleichen, ehe die eigentliche Jagd beginnt.

Geparde haben, wie alle Jäger, ein nach vorn ausgerichtetes Augenpaar. Es ist die Voraussetzung dafür, die Beute ins Visier zu nehmen und die Entfernung richtig einzuschätzen.

Weil ihre Krallen noch ganz neu und spitz sind, können kleine Geparde Bäume hochklettern. Später, wenn die Krallen abgenutzt sind und keinen Halt mehr bieten, geht das nicht mehr.

Spikes an den Pfoten

Wie unsere Hauskatzen können auch kleine Geparden während der ersten vier Lebensmonate die Krallen einziehen. Sie sind dann in kleinen Hauttaschen verborgen. Der größere Gepard kann das nicht mehr. Durch den ständigen Bodenkontakt nutzen sich die Krallen mit der Zeit ab. Ein Nachteil ist das aber ganz und gar nicht, denn die ausgefahrenen Krallen wirken ähnlich wie Spikes bei einem Motorrad: Wenn der Gepard auf der Jagd mit hoher Geschwindigkeit die Richtung wechseln muss, weil etwa sein Beutetier einen Haken schlägt, dann sorgen die Krallen dafür, dass er nicht wegrutscht und aus der Kurve getragen wird.

Jagdunterricht

Auch Gepardenkinder lernen die wichtigen Dinge des Lebens, indem sie den Älteren zuschauen. Ihre Mutter zeigt ihnen, wie Geparden jagen. Während sie ein Beutetier verfolgt, hocken die Jungen in Deckung und lassen die Jägerin nicht aus den Augen. Später werden die Beobachtungen in die Praxis umgesetzt: ein Tier ins Visier nehmen, geduckt und leise so nah wie möglich anschleichen, im geeigneten Moment aus dem hohen Gras hervorpreschen, und die Jagd beginnt. Das Schicksal der Beute ist meist besiegelt, denn kaum ein Tier kann dem schnellsten Läufer der Savanne entkommen!

Der ausgesprochen lange Schwanz hilft dem Geparden, bei seinen rasanten Sprints die Balance zu halten, vor allem bei plötzlichen Richtungswechseln.

Kleine Geparde sind sehr gelenkig und können ihre Wirbelsäule stark durchdrücken und hochwölben. Später, bei ihren Hochgeschwindigkeitsrennen, wird ihnen diese Fähigkeit zugutekommen.

Der Elefant

In seinen ersten Lebensmonaten kann sich der kleine Elefant der absoluten Aufmerksamkeit seiner Mutter sicher sein. Sie wacht über ihn und legt großen Wert darauf, dass er immer ganz nah bei ihr bleibt. Sie ist eine zärtliche, fürsorgliche Mutter, die nicht müde wird, ihr Kind aufmunternd und beruhigend mit ihrem Rüssel zu streicheln. Zieht die Elefantengruppe weiter, läuft das Kalb Schutz suchend zwischen den Beinen der Mutter. Wenn ihm der Weg zu holprig wird oder wenn es erschöpft ist, ergreift es mit seinem Rüssel ihren Schwanz und lässt sich ziehen. Und wenn seine Mama sich ein Stück entfernt, um zu fressen oder zu trinken? Kein Problem, eine andere Elefantenkuh übernimmt die Aufsicht. In der Elefantenherde fühlen sich alle Weibchen für den Nachwuchs der anderen zuständig. Die Herde umfasst zehn bis zwanzig Tiere: junge und ältere Weibchen sowie Jungbullen unter zehn Jahren.

Elefantenkinder bleiben lange bei ihrer Mutter.

Wer bin ich?

Der Afrikanische Elefant

Klasse: Ich gehöre zur Klasse der Säugetiere und bin Pflanzenfresser.
Größe: Als Männchen habe ich eine Widerristhöhe von 3 bis 4 Metern und als Weibchen von 2,50 bis 3 Metern.
Gewicht: Als Männchen wiege ich 5 bis 7 Tonnen, als Weibchen 3 bis 4 Tonnen.
Merkmale: Mein Rüssel kann bis zu 3 Meter lang sein. Er ist ein nützliches Werkzeug und in der Tierwelt einzigartig.

Wissenschaftlicher Name:
Loxodonta africana

Während der ersten Lebenswochen nimmt das Elefantenkalb täglich um die fünfzehn Liter Milch zu sich! Nach vier Monaten kommt zwar feste Nahrung hinzu, aber Muttermilch wird noch lange Bestandteil seiner Ernährung sein.

Ein merkwürdiges Ding

Was seinen Rüssel anbelangt, wirkt das Elefantenkalb anfangs ziemlich ratlos. Was soll es denn damit anfangen? Irgendwie lästig, das Ding! Auch beim Saugen ist es im Weg. Um die Zitzen zwischen den Vorderbeinen der Mutter zu erreichen, muss der Rüssel aufgerichtet und weggebogen werden, denn das Kalb trinkt ja mit dem Maul. Liegt die Mutter in einem Wassertümpel, ragt der Rüssel des Kleinen wie ein Schnorchel aus dem Wasser, damit es atmen kann. An der Rüsselspitze wie an einem Schnuller zu saugen, gefällt dem Kalb besonders gut. Bald findet es heraus, dass es mit seinem Rüssel den mütterlichen Bauch, unter dem es sich so sicher fühlt, zärtlich streicheln kann. Und so lernt das Junge nach und nach, was für ein vielfältiges Werkzeug das seltsame Ding tatsächlich ist.

Wichtige Lehrzeit

Das Elefantenkind lernt bald, seinen Rüssel einzusetzen, um an die vorgekauten Blätter und Gräser im Maul der Mutter zu kommen. Im nächsten Schritt rupft es selbst Grasbüschel aus und führt sie zum Maul. Schnell hat der kleine Elefant begriffen, dass all das Futter, das er für seine Entwicklung braucht, sich nur mit seinem Rüssel greifen lässt. Der Rüssel wird später um die drei Meter lang sein und den ausgewachsenen Elefanten in die Lage versetzen, ganze Bäume auszureißen und Hindernisse einfach umzustoßen.

Der Rüssel eignet sich bestens, um nahrhafte Blätter abzureißen, die Zweige eines Busches heranzuziehen oder Früchte zu pflücken.

Schon der kleine Elefant setzt seinen Rüssel ein, um Zärtlichkeiten auszutauschen.

Gut fürs Bad, gut für die Freundschaft

Elefantenkinder sind sehr verspielt und, wie die Erwachsenen, verrückt nach Wasser. Keine Gelegenheit wird ausgelassen, das nasse Element zu genießen!

Nach wenigen Monaten hat der kleine Elefant seinen zunächst widerspenstigen Rüssel gebändigt. An einer Wasserstelle beobachtet er die Erwachsenen und ahmt alles nach, was er sieht. Zuerst führt er den mit Wasser gefüllten Rüssel zum Maul und stillt seinen Durst, aber dann kommt der große Spaß: Der kleine Dickhäuter funktioniert seinen Rüssel zur Wasserpistole um und spritzt seine Freunde nass! Auch staubige Erde lässt sich per Rüssel gut über den Körper streuen; das hilft gegen Insekten und andere lästige Kleinstlebewesen, die sich gern in der Haut festsetzen. Bei Begegnungen mit anderen Elefanten hat das gegenseitige Abtasten mit der Rüsselspitze eine ähnliche Funktion wie bei uns das Händeschütteln: Es erleichtert das Kennenlernen.

Der Pavian

Jedes Neugeborene weckt das Interesse der gesamten Paviangruppe. Alle wollen es sehen. Die erwachsenen Männchen setzen sich zur Mutter und die herbeigeeilten Weibchen würden das Kleine zu gern berühren, ja sogar streicheln. Aber die frisch gebackene Pavianmama lässt nur diejenigen gewähren, die ihr volles Vertrauen genießen. Auch die etwas älteren Jungpaviane nähern sich neugierig. Die Schwestern und Brüder des Neugeborenen werden schon bald ziemlich eifersüchtig sein, denn die Mutter hat nur Augen für ihr Jüngstes.

Kaum ist er auf der Welt, klammert sich der kleine Pavian im Fell der Mutter fest. Monatelang wird er sich auf diese Weise herumtragen lassen.

Wer bin ich?

Der Anubispavian

Klasse: Ich gehöre zur Klasse der Säugetiere und bin Allesfresser.
Größe: Als Männchen messe ich von der Nasenspitze bis zum Schwanzansatz 50 bis 80 Zentimeter.
Gewicht: Als Männchen werde ich bis zu 25 Kilogramm schwer, als Weibchen nur etwa 15 Kilogramm.
Merkmale: Einmal erwachsen, habe ich eine langgezogene Schnauze, wulstige Augenbrauen als Schutz für meine kleinen Augen und eine dicke Haarkrause um die Wangen.

Wissenschaftlicher Name:
Papio anubis

Aufwendige Säuglingspflege

Sobald das Neugeborene nicht mehr getragen wird, krabbelt es auf den Rücken der Mutter, packt ihr dichtes Fell und lernt, auf ihr zu reiten. Endlich hat sie beide Hände frei!

Die Pavianmutter muss lernen, alles mit einer Hand zu erledigen, denn der andere Arm ist besetzt. Die ersten Tage trennt sie sich keine Sekunde von ihrem Baby und trägt es ständig im Arm mit sich herum. Das Neugeborene schmiegt sich an ihre Brust und hat meistens eine der Zitzen in seinem Mäulchen. Die Pavianmama kümmert sich rührend um ihr Kind. Sie pflegt es, leckt sein Fell und immer wieder sind ihre fleißigen Finger eventuellen Läusen auf der Spur. Alle, die das Baby besuchen kommen, helfen mit. Auf diese Weise lernt das Paviankind die Mitglieder der Großfamilie kennen.

Gegenseitige Körperpflege wird bei Pavianen ganz großgeschrieben. So lernen sie einander besser kennen und ein gutes Miteinander wird gefördert.

Spielend lernen

Paviankinder verbringen viele Stunden des Tages mit Spielen: Bäume hochklettern, sich jagen, hüpfen, andere am Schwanz ziehen, balgen, raufen und streiten. Treiben sie es jedoch zu toll und ein Kleines fängt an zu schreien, weil es vielleicht verletzt ist, schreitet sofort ein Erwachsener ein. Spielen ist die beste Vorbereitung auf das Leben als Erwachsener in einer gut organisierten Gruppe. Ein Pavian, der als Kind nie gespielt hat, ist unfähig, seinen Platz in der Paviangesellschaft einzunehmen und eine eigene Familie zu gründen.

Paviane leben in größeren Gruppen, die mehrere Familien umfassen. In der Paviangesellschaft hat jeder seinen festen Platz.

Mit den Großen auf Tour

Wenn das Letztgeborene der Familie ein paar Monate alt ist, löst es sich hin und wieder von seiner Mutter und geht mit den älteren Geschwistern und Freunden auf Entdeckungstour. Deren Spiele sind oft ziemlich ruppig, aber wenn das Jüngste bei ihnen ist, bremsen sie sich und widmen ihm größte Aufmerksamkeit. Sie vermeiden heftige Bewegungen und überhaupt alles, was dem Kleinen schaden könnte. Sollte ihm aber doch einmal bange werden, rennt es zurück zur Mama und lässt sich von ihr trösten. Aber eines ist sicher: Nach und nach wird diese Freundesclique für das Nesthäkchen immer wichtiger!

Im gemeinsamen Spiel üben Jungpaviane das Verhalten der Erwachsenen ein.

Das Krokodil

Die Krokodilmutter lässt ihren Nachwuchs nicht aus den Augen, denn auf die Winzlinge lauern zahlreiche Gefahren: Egal ob Storch, Reiher, Leopard, Ginsterkatze oder Mungo – einen derartigen Leckerbissen würde sich kein Jäger entgehen lassen! Aber auch das Wasser ist ein gefährlicher Aufenthaltsort. Einige Fische und bestimmte Arten von Schildkröten schnappen sich gern mal ein kleines Krokodil. Ständig und überall steht das Leben des Jungkrokodils auf dem Spiel. Etliche Jahre vergehen, bis der Winzling zu dem Tier herangewachsen ist, das alle fürchten: ein mächtiger Beutegreifer mit massivem Körper und beeindruckenden Zähnen, der seine einstigen Feinde auf Abstand zu halten weiß!

Der Rücken der Mutter ist ein prima Platz für einen ersten Kontakt mit dem nassen Element, ohne gleich gefressen zu werden!

Wer bin ich?

Das Nilkrokodil

Klasse: Ich gehöre zur Klasse der Reptilien und bin Fleischfresser.
Größe: Ich erreiche eine Gesamtlänge von 3 bis 5 Metern.
Gewicht: Ich kann bis zu einer Tonne schwer werden.
Merkmale: Meine äußere Hautschicht besteht aus dicken, hornigen Schuppen, die mich wie eine Rüstung schützen. Dank der Schwimmhäute an meinen Hinterfüßen kann ich ausgezeichnet schwimmen.

Wissenschaftlicher Name:
Crocodylus niloticus

Wohlbehütet

Vor drei Monaten hat das Krokodilweibchen im Uferbereich des Flusses ein Nest gegraben, mehrere Eier hineingelegt und dann sorgsam mit Sand und Erde bedeckt. Es hat diesen Platz mit Bedacht gewählt: sehr nah, jedoch nicht zu nah am Wasser. Sonst könnte alles umsonst gewesen sein, wenn nach starken Regenfällen der Wasserspiegel ansteigt und die Eier überflutet, ja sogar weggespült werden. Seit der Eiablage hält die künftige Mama Wache und wartet auf ein Zeichen. Und plötzlich ist es soweit: Ein zartes Piepsen durchdringt die Nestdecke. Sofort macht sich die Krokodilmutter ans Werk und scharrt mit beiden Vorderfüßen Sand und Erde beiseite. Ein paar Kleine haben ihre Schale schon durchstoßen und schreien aus Leibeskräften. Bei den anderen hilft die Mama nach.

Eine kleine hornartige Spitze auf der Nase hilft dem kleinen Krokodil, seine Eierschale zu zerbrechen und zu schlüpfen. Die Spitze heißt „Eizahn" und fällt ab, wenn sie ihren Dienst geleistet hat.

Ganz vorsichtig trägt die Krokodilmama den winzigen Nachwuchs zwischen ihren mächtigen Kiefern zum Fluss.

Für kurze Strecken erreicht das Krokodil, trotz seiner kurzen Beine, eine erstaunliche Geschwindigkeit.

An Land unbeholfen

Das Krokodilweibchen wartet nicht lang und trägt die Kleinen sofort nach dem Schlüpfen ins Wasser. Das Krokodil lebt amphibisch, das heißt, sein Lebensraum liegt sowohl an Land als auch im Wasser und es braucht beides gleichermaßen. An Land wirkt es allerdings etwas unbeholfen. Wenn es sein muss, kann das Krokodil auf seinen kurzen Beinen zwar ganz schön schnell rennen, aber im Normaltempo kriecht es mehr, als dass es läuft. Aber zunächst muss das Krokodilbaby erst einmal das Wasser erreichen und auf dieser ersten Reise ist es im Maul seiner Mutter am besten aufgehoben.

Im Wasser ein König

Wasser kühlt den Krokodilkörper in der Hitze des Tages und wärmt ihn in der Nacht, denn es kühlt nicht so schnell ab wie Luft.

So klein es auch ist – das winzige Krokodil kann sofort schwimmen, und zwar wie ein Weltmeister. Die Beinchen eng an den Körper gelegt, schlängelt es sich voran und benutzt seinen Schwanz als Steuerruder. Manchmal schauen nur seine Augen und seine Nasenlöcher, die höchsten Punkte des Kopfes, aus dem Wasser heraus. So ist das Krokodil fast unsichtbar, kann aber atmen und alles überblicken. Wenn es abtaucht, verschließt ein Hautlappen seine Kehle, sodass kein Wasser in die Luftröhre eindringen kann.

Die Gazelle

Eine Gazelle entfernt sich von ihrer Herde und sucht einen geschützten Platz, wo sie ihr Junges ungestört zur Welt bringen kann. Kaum ist es auf der Welt, leckt sie das Neugeborene gründlich ab, um es zu säubern und den Geburtsgeruch zu beseitigen, der hungrige Jäger anlocken könnte. Jetzt gilt es, ein geeignetes Versteck zu finden, wo das Kleine in Sicherheit ist, solange die Gazellenmama auf Nahrungssuche geht. Der kleine Körper und die Tarnfarbe des Fells sind seine einzige Verteidigung: Im Gebüsch und im hohen Gras ist es nahezu unsichtbar.

Bei der Geburt ist das Fell der kleinen Gazelle dunkler als das der Mutter. Innerhalb von zwei Wochen nimmt es die hellere Farbe der Erwachsenen an.

Wer bin ich?

Die Thomson-Gazelle

Klasse: Ich gehöre zur Klasse der Säugetiere und bin Pflanzenfresser.
Größe: Von meiner Nasenspitze bis zum Schwanzansatz messe ich 90 bis 120 Zentimeter. Mein Schwanz wird maximal 20 Zentimeter lang.
Gewicht: Ich wiege 17 bis 30 Kilogramm, wenn ich ein Männchen bin, und 13 bis 24 Kilogramm, wenn ich ein Weibchen bin.
Merkmale: Ein breiter, schwarzer Streifen an jeder Seite trennt mein sandfarbenes Rückenfell vom weißen Bauchfell.

Wissenschaftlicher Name:
Eudorcas thomsonii

Eine grazile Erscheinung

Die kleine Gazelle hat lange, feingliedrige Beine und einen zierlichen Körper mit flachem Rücken und langem Hals. Die spitz zulaufende Schnauze gibt dem Kopf eine elegante Note. Alles an dem kleinen Tier ist zart und anmutig. Die allgemeine Leichtigkeit findet sich auch im feinen Skelett wieder. So ausgestattet, hat die Gazelle den vielen Beutegreifern, die es auf sie abgesehen haben, nichts außer der Flucht entgegenzusetzen. Und sie muss es mit dem schnellsten Läufer der Savanne, dem Geparden, aufnehmen!

Die langen Gazellenbeine enden in kräftigen Hufen.

Allein auf weiter Flur

Die Gazellenmutter muss äußerst vorsichtig sein, wenn sie sich dem Versteck nähert, um ihr Junges zu säugen. Löwen, Hyänen, Geparde und andere Fressfeinde könnten sie beobachten.

Das Gazellenjunge kann zwar bald nach der Geburt auf seinen zerbrechlichen Beinen stehen, ist aber noch nicht in der Lage, der Herde zu folgen. Es bleibt ihm nichts anderes übrig, als die ersten drei, vier Wochen ganz allein in seinem Grasnest auszuharren. Aber seine Mutter unterbricht regelmäßig die Nahrungssuche und kommt zurück, um ihr Kind zu säugen. Und wenn sie sich wieder entfernt, rufen sich Mutter und Kind blökende Laute zu, um in Kontakt zu bleiben. Nach und nach wird das Kleine sicherer und kräftiger.

Große Sprünge

Endlich ist die junge Gazelle groß genug, um sich der Herde anschließen zu können. Von nun an heißt es, mit dem Strom schwimmen! Beim geringsten Anzeichen von Gefahr spurten alle Mitglieder der Herde los. Gazellen sind mit sechzig Kilometern pro Stunde zwar langsamer als ihr Feind, der Gepard, sind dafür aber ausdauernder: Sie können dieses Tempo über zwei Kilometer halten. Mit schnellen, plötzlichen Kehrtwenden und Richtungswechseln, die ihnen ihr geschmeidiger Körper ermöglicht, können sie den Sprinter der Savanne immer wieder austricksen. Überhaupt sind die grazilen Tiere die reinsten Akrobaten. Ihre bis zu drei Meter hohen und an die neun Meter weiten Sprünge sind fantastisch und stiften größte Verwirrung bei ihren Verfolgern!

Schon die kleine Gazelle verfügt über ausgezeichnete Augen und Ohren – ein Segen, wenn man sonst nicht viel hat, um sich zu verteidigen!

Mit allen vier Beinen springt die Gazelle gleichzeitig hoch in die Luft. Die pingpongartigen Senkrechthüpfer lösen bei Gefahr in der ganzen Herde Alarm aus. Und die Verwirrung, die sie damit bei den Verfolgern stiften, ist nicht zu unterschätzen!

Der Büffel

Am frühen Nachmittag gleicht die afrikanische Savanne einem Glutofen. Eine Büffelkuh entfernt sich von ihrer im Schatten ruhenden Herde. Nach einer Tragezeit von dreihundertvierzig Tagen steht die Geburt ihres Kindes kurz bevor. Jetzt, in der schläfrigen Stille zur Welt zu kommen, ist von Vorteil. Die Mitglieder der Herde genießen die Ruhe und wiederkäuen das Gras, das sie den Vormittag über gefressen haben. Es sieht nicht so aus, als wollten sie bald wieder aufbrechen. In den Augen ihrer Fressfeinde, die dem Neugeborenen gefährlich werden könnten, halten die Büffel eindeutig Siesta. Die Bedingungen könnten besser nicht sein, um unbemerkt einen sicheren Ort für die Geburt aufzusuchen.

Ganz die Mama: Das Büffelkalb hat jetzt schon einen muskulösen, schweren Körper und einen kräftigen Hals.

Wer bin ich?

Der Kaffernbüffel

Klasse: Ich gehöre zur Klasse der Säugetiere und bin Pflanzenfresser.
Größe: Ich habe eine Widerristhöhe von 1,60 bis 1,70 Metern.
Gewicht: Wenn ich ein Bulle bin, kann ich ein Gewicht von einer Tonne erreichen, durchschnittlich wiege ich jedoch um die 700 Kilogramm.
Merkmale: Meine großen Hörner sind durch einen Schildgürtel miteinander verbunden. Ich habe kleinere Hörner, wenn ich ein Weibchen bin.

Wissenschaftlicher Name:
Syncerus caffer

Schnell zurück zu den anderen

Das Neugeborene hat sich zwar schon aufgerichtet, aber noch steht es auf sehr zittrigen Beinchen. Die Büffelmama ermutigt es dennoch zu laufen, denn sie will nicht länger als nötig außerhalb ihrer Herde sein. Dass sie die anderen verlassen hat, war wegen der Geburt ihres Kalbs sowieso eine Ausnahme. Erwachsene Büffel und vor allem Bullen sind beeindruckende, mächtige Tiere, gleichwohl haben sie einige Feinde. Löwen und Hyänen, zum Beispiel, zögern nicht, ein von der Herde isoliertes Tier, und erst recht ein Kälbchen, anzugreifen! Folglich ist der beste Schutz, zusammenzubleiben. Einer ganzen Büffelherde stellt sich ein Beutegreifer nämlich äußerst selten.

Das Kalb steht da wie angewurzelt. Die Büffelkuh brüllt ein paar Mal kurz hintereinander und das Junge nimmt all seinen Mut zusammen, um der Mutter zu folgen.

Im Schoß der Herde

Die ersten Tage seines Lebens bewegt sich das Kalb langsam und unsicher. Wenn die Herde zu neuen Weidegründen aufbricht, passt die Büffelmama auf, dass ihr Kind nicht herumtrödelt. Aber normalerweise laufen Kälber und auch schwächere Tiere sowieso gut beschützt im Herzen der Herde, die vom Leitbullen und von den erfahrensten Weibchen angeführt wird. Jungbullen flankieren die Herde und beobachten die Umgebung. Die stärksten Bullen bilden die Nachhut. Wenn sich zur Paarungszeit auch die erwachsenen Männchen anschließen, kann eine Herde bis zu fünfhundert Tiere zählen.

Das Büffelkalb wird ohne Hörner geboren. Ab dem dritten Monat fangen sie an zu wachsen und werden die kommenden fünf Jahre immer größer.

Gut beschützt von den Großen

Was für ein Kopfschmuck! Büffelhörner sind nach außen gebogen und treffen sich in der Stirnmitte, sodass der Eindruck eines Helms entsteht. Erstaunliche 1,20 Meter kann das Gebilde breit werden.

Die verzweifelten Rufe eines Kälbchens, das seine Mutter verloren hat, erfüllen die Luft. Die Büffelkuh antwortet sofort. Aber nicht nur sie, sondern die gesamte Herde reagiert augenblicklich: Sie verlangsamt ihr Tempo und zieht einen schützenden Ring aus Büffelleibern um das verängstigte Kalb. Aber Hyänen und Löwen wissen ohnehin Bescheid: Mit einer Büffelmutter, die ihr Junges in Gefahr sieht, ist nicht zu spaßen; sie würde nicht zögern, auf die starken, geschickten Jäger loszugehen, und auch die erwachsenen Bullen sehen nicht untätig zu, wenn ein Kalb angegriffen wird!

Um ihren Nachwuchs bestmöglich zu schützen, schließen sich Büffel zu großen Herden zusammen, die häufig Hunderte von Tieren umfassen.

Das Warzenschwein

Im hinteren Eck einer Erdhöhle warten ein paar kleine Warzenschweine auf die Rückkehr ihrer Mutter. Sie haben erst kürzlich das Licht der Welt erblickt und müssen fast den ganzen Tag allein zubringen. Ihre Mutter beginnt schon früh am Morgen mit der Nahrungssuche. Um die Mittagszeit kommt sie kurz vorbei, um ihre Jungen zu säugen, ehe sie wieder verschwindet. Aber die Kleinen haben es gut in ihrer Höhle, sie ist gemütlich und wohltemperiert: Die Hitze des Tages und die nächtliche Kühle müssen draußen bleiben! Nachts ist die Mutter natürlich bei ihren Kindern und beschützt sie.

Wie bei unseren heimischen Wildschweinen werden die kleinen Warzenschweine „Frischlinge" und die Muttertiere „Bachen" genannt.

Wer bin ich?

Das Warzenschwein

Klasse: Ich gehöre zur Klasse der Säugetiere und bin Pflanzenfresser.
Größe: Von der Schnauze bis zum Schwanz messe ich 1,05 bis 1,50 Meter. Mein Schwanz ist 40 bis 50 Zentimeter lang. Meine Widerristhöhe liegt zwischen 55 und 85 Zentimetern.
Gewicht: Ich kann bis zu 150 Kilogramm wiegen.
Merkmale: Ich habe große Warzen am Kopf, eine Mähne im Nacken und auf dem Rücken und manchmal einen grau-weißen Backenbart.

Wissenschaftlicher Name:
Phacochoerus africanus

Erste Ausflüge

Bereits etwa zehn Tage nach der Geburt verlassen die neugierigen Frischlinge erstmals ihr sicheres Heim, um die nähere Umgebung zu erkunden. Anfangs bleiben sie bei ihren Ausflügen noch in der Nähe zu ihrem Bau, um sich rasch in Sicherheit bringen zu können. Doch nach und nach werden sie mutiger und dehnen ihre Streifzüge immer weiter aus. Schließlich suchen sie ihren Unterschlupf tagsüber nur noch selten auf. Die Nächte verbringen sie aber nach wie vor im sicheren Bau. Das werden sie auch später als erwachsene Warzenschweine noch so halten.

Als Frischlinge tragen Warzenschweine ein graues, leicht ins Rosa gehendes Fell, das sie nach einigen Monaten verlieren. Erwachsene Tiere haben eine Art Mähne auf Nacken und Rücken.

Die großen, gebogenen Eckzähne sind sehr nützlich: In dichtem Buschwerk drücken sie Zweige beiseite, sie lassen sich zum Graben verwenden und sie dienen als Waffen im Kampf mit Rivalen.

Gras, Gras und nochmal Gras

Bereits in den ersten Lebenswochen entdecken die Frischlinge den Geschmack von frischem Gras, ihrem späteren Hauptnahrungsmittel. Am besten schmecken ihnen die zarten Triebe, die sie mit den Lippen und Schneidezähnen abrupfen. Alle anderen Pflanzen, das hohe und schon etwas härtere Gras inbegriffen, lassen die Schleckermäulchen links liegen. Mit ungefähr zehn Monaten kommen die oberen Eckzähne zum Vorschein. Zunächst wachsen sie seitlich aus der Schnauze heraus, um sich dann halbkreisförmig nach oben und nach innen zu biegen. Bis zu sechzig Zentimeter können die Eckzähne lang werden. Diese Hauer geben hervorragendes Grabwerkzeug ab. Mit ihrer Hilfe gelangen die Jungen an die leckeren Wurzeln, ihre zweite Leibspeise.

Warzenschweine finden es praktisch, sich beim Grasen auf ihre „Handgelenke" zu stützen; so ist der Abstand zum Boden geringer. Schon bei der Geburt ist die Haut über diesem Gelenk dicker und damit widerstandsfähiger.

Alles unter Kontrolle

Warzenschweine gehen zweimal am Tag grasen, früh am Morgen und am späten Nachmittag. Obwohl sie dabei ihren großen Kopf direkt über dem Boden hin und her bewegen, bekommen sie alles mit, was um sie herum passiert. Das liegt an ihren gut ausgebildeten Sinnen: Die Augen sitzen weit oben und seitlich am Kopf und ermöglichen fast eine Rundumsicht, die großen Ohren sorgen für ein gutes Gehör und der Geruchssinn ist so hoch entwickelt, dass Warzenschweine eine sich nähernde Gefahr sofort wittern – Überraschungsangriffe sind schwierig!

Auf ihren Streifzügen durch die Savanne sind Frischlinge und Bache immer nah beieinander. Bei Gefahr bringen sich die Kleinen sofort unter dem kräftigen Körper der Mutter in Sicherheit.

Tiere der Berge

Das Leben in den Bergen ist für die dort heimischen Tiere nicht leicht. Sie müssen mit steilen, rutschigen Hängen zurechtkommen und sind Kälte, Wind und Schnee ausgesetzt. Unter diesen schwierigen Bedingungen können nur Tiere überleben, die sich perfekt an ihren Lebensraum angepasst haben, allen voran die Kletterkünstler Steinbock und Gämse.

Die meisten Tiere leben in tiefer gelegenen Wäldern: große und kleine Säugetiere unterschiedlichster Art sowie zahlreiche Vögel, die ihre Kinderstube im schützenden Blattwerk der Bäume irgendwann verlassen und dann auf der Hut vor dem Luchs sein müssen, der sich so einen kleinen gefiederten Leckerbissen nicht entgehen lässt.

In den höheren Lagen erstrecken sich weite Almwiesen, deren sommerliche Blütenpracht ein Paradies für Schmetterlinge ist und wo das Murmeltier residiert. In der kalten Jahreszeit, wenn die pflanzliche Nahrung unter einer dichten Schneedecke verschwindet, bleibt manchen Bergbewohnern nichts anderes übrig, als Winterschlaf zu halten.

Je höher man in die Bergwelt vordringt, desto spärlicher wird die Vegetation. Dort sind nur wenige Tiere zu Hause. Das Alpenschneehuhn, das nicht viel Nahrung braucht, ist eines von ihnen. Auch der Steinadler, ein faszinierender Flugkünstler, bevorzugt die einsamen, luftigen Höhen, wohin sich Störenfriede kaum je verirren.

Gämsen sind wahre Kletterkünstler! Ob Schnee liegt oder nicht: Wenn sie auf Futtersuche sind, ist ihnen selten ein Berghang zu steil.

Das Murmeltier

Am Höhleneingang reckt sich eine kleine Nase empor. Sie gehört einem Murmeltierkind, das von der warmen Sonne nach draußen gelockt wird. Abgesehen von den Mahlzeiten an den Zitzen seiner Mutter hat es die ersten vier Wochen seines Lebens verschlafen. Erstmals kostet es von den leckeren Gräsern, Kräutern, Wurzeln und Insekten, die künftig auf seinem Speiseplan stehen werden. Die Pflanzen wachsen hier sehr schnell, denn es ist schon Anfang Juli und der Bergsommer ist kurz. Das kleine Murmeltier und seine Geschwister erkunden neugierig die noch fremde Umgebung. Wenn sie jedoch zu weit weglaufen, greift die Mama ein: Sie packt die Ausreißer mit ihren Zähnen im Rückenfell und trägt sie zurück zum Bau. Und sobald sie den bedrohlichen Schatten eines Steinadlers wahrnimmt, lässt sie ihren Warnpfiff ertönen, der „bringt euch schnell in Sicherheit" bedeutet.

Wenn das Murmeltierweibchen und sein Junges sich nach kurzer Trennung wiederfinden, beschnuppern sie sich ausgiebig.

Wer bin ich?

Das Alpenmurmeltier

Klasse: Ich gehöre zur Klasse der Säugetiere und fresse am liebsten Pflanzen.
Größe: Ich bin 40 bis 60 Zentimeter groß.
Gewicht: Ich wiege bis zu 8 Kilogramm.
Merkmale: Ich besitze vier Nagezähne, die mein Leben lang wachsen. Ich schärfe sie, indem ich an harten Pflanzen nage. Meine Augen befinden sich seitlich am Kopf, sodass ich nach rechts und nach links schauen kann, ohne mich zu bewegen. Mein Gehör ist ausgezeichnet.

Wissenschaftlicher Name:
Marmota marmota

Eine große Familie

Das Murmeltierkind verbringt seine ersten Lebensjahre im Kreis einer Großfamilie, die aus Mutter, Vater, drei bis vier gleichaltrigen Schwestern und Brüdern sowie einigen älteren Geschwistern besteht. Sie alle wohnen in einer Erdhöhle mit mehreren Eingängen, sodass sie bei drohender Gefahr ganz schnell verschwinden können. Der Vater, der das Revier der Familie verteidigen muss, markiert das gesamte Gebiet mit seinem Geruch. Und wie macht er das? Er reibt seine Wangen samt Duftdrüsen an allen Steinen ringsum. Wehe dem fremden Männchen, das es wagt, sein Revier zu betreten!

Aufmerksam überwacht das Murmeltier sein Revier. Sobald es Gefahr wittert, stößt es einen nicht zu überhörenden Warnpfiff aus.

Zu den Mahlzeiten versammelt sich die ganze Familie Murmeltier an ihrer Höhle. Die Nager greifen das Futter mit den Vorderpfoten und führen es zu ihren Mäulchen.

Die kleinen Murmeltiere stehen sich aufrecht gegenüber und eines schubst das andere in spielerischem Kampf. Nach dem Kräftemessen beschnuppern sie sich ausführlich. Das ist ihre Art, sich zu versöhnen.

Ein gutes Miteinander

Einen Großteil des Tages verbringt das kleine Murmeltier im Spiel mit seinen Schwestern und Brüdern. Verfolgungsjagden und Rangeleien sind die Favoriten der Rasselbande. Wenn das Junge sich müde getobt hat, trottet der kleine Spielratz zu seiner Mama. Er beschnuppert ihr Gesicht und greift nach ihr mit den Pfoten, als wolle er sie umarmen. Überhaupt: einander ausgiebig zu beschnuppern und sich gegenseitig das Fell zu pflegen, stärkt die Familienbande, und die Murmeltiere machen eifrig Gebrauch davon.

Ein Langschläfer

Die Tage werden kürzer und Familie Murmeltier muss sich auf den Winter vorbereiten. Die Eltern bedecken den Boden der Höhle mit trockenem Gras, um sich und ihre Kinder besser vor der kommenden Kälte zu schützen. In dem behaglichen Nest werden die Murmeltierjungen miterleben, wie ihre neuen Geschwisterchen zur Welt kommen. Eng aneinandergekuschelt werden sie nicht frieren. Der Winterschlaf der Familie dauert ein halbes Jahr. Wer kennt nicht die Redensart „Schlafen wie ein Murmeltier"? Da Murmeltierkinder ihr halbes Leben verschlafen, wachsen sie langsam und bleiben entsprechend lang bei ihren Eltern.

Im Herbst bereitet sich das Murmeltier auf den Winterschlaf vor. Es frisst mehr als üblich und es polstert den Boden seiner Höhle mit trockenem, kuscheligem Gras aus.

Die Gämse

Das Gamsbaby liegt im Gras und öffnet die Augen. Es erblickt seine Mutter, die ihr gerade geborenes Kind hingebungsvoll ableckt. Es versucht aufzustehen, fällt aber sofort wieder hin, denn seine langen, dünnen Beinchen sind noch zu schwach. Doch aufgeben gilt nicht: ein zweiter Versuch, ein dritter, dann ist es geschafft. Jetzt braucht die kleine Gämse schnell eine gute Portion Muttermilch, um Kraft zu tanken. Die Gamsmama ist äußerst vorsichtig und bleibt mit ihrem Kleinen die ganze erste Woche an dem Ort der Geburt, einem unzugänglichen Felsvorsprung. Allein der Steinadler könnte hier plötzlich auftauchen und versuchen, das Neugeborene zu packen, aber dann gäbe es ja immer noch den sicheren Platz zwischen den Beinen der Mutter!

Die kleine Gämse wird Ende Mai geboren und ungefähr zwei Monate von der Mutter gesäugt.

Wer bin ich?

Die Gämse

Klasse: Ich gehöre zur Klasse der Säugetiere und bin Pflanzenfresser.
Größe: Ich bin 75 bis 85 Zentimeter hoch.
Gewicht: Wenn ich ein Männchen bin, wiege ich bis zu 50 Kilogramm, und wenn ich ein Weibchen bin, wiege ich 25 bis 40 Kilogramm.
Merkmale: Ich habe kleine, nach hinten gebogene Hörner, wenn ich ein Männchen bin. Bin ich ein Weibchen, sind meine Hörner dünner und weniger gebogen. Da ich misstrauisch und scheu bin, ist es sehr schwer, sich mir zu nähern.

Wissenschaftlicher Name:
Rupicapra rupicapra

Nicht ohne die Mama

Sobald das Gamsjunge besser laufen und springen kann, wird es von seiner Mutter zu den anderen Gamsweibchen und deren Nachwuchs geführt. Das Kitz folgt seiner Mama wie ein Schatten überall hin und lernt auf Schritt und Tritt etwas Neues. Es lernt, wie und wo es in der felsigen Landschaft am besten seinen Weg bahnen kann. Auf dem Programm steht auch die Lektion, wie man mit einem gezielten Sprung verhindern kann abzustürzen, wenn unter den eigenen Hufen ein Stein wegrutscht. Für den Fall eines Steinschlages erfährt das Kleine, wie es sich so gegen die Felswand drückt, dass es nichts abbekommt. Sollte die Mutter einmal nicht in der Nähe sein, meckert es nach Ziegenart und schon eilt sie herbei.

Ein Häutchen verbindet die zwei Zehenhufe der Gämse miteinander, sodass sie wie mit Schneeschuhen im Schnee gehen kann, ohne einzusinken. Im Winter wärmt sie ein dichtes Fell.

Im Alter von einem Jahr schließen sich die männlichen Gamskitze den anderen Gamsböcken an. Die einjährigen Weibchen verbringen ein weiteres Jahr in der Gemeinschaft der Mütter und der Neugeborenen.

Sehr verspielt

Im Sommer erinnern die Bergwiesen an Pausenhöfe. Während die Gamsmütter im Gras liegen und wiederkäuen, versammeln sich die Jungtiere zum Spiel. Wer kann am weitesten und am höchsten springen? Wer schlägt die verrücktesten Purzelbäume? Wer schafft die längste Schlitterpartie auf den Schneeresten vom letzten Winter? Die Gamsweibchen folgen den übermütigen Wettkämpfen und tollkühnen Sprüngen während der Verfolgungsjagden zwar mit wachsamem Blick, aber sie wissen, dass die Jungen nur so ihren Gleichgewichtssinn und ihre Geschicklichkeit trainieren können, und lassen sie gewähren.

Kletterkünstler

Für einen Weitsprung krümmt das Gamsjunge seine langen Hinterläufe und springt so elastisch ab, als sei es von einer Sprungfeder nach vorn geschnellt worden.

Die kleine Gämse hat sehr kräftige Beine, wobei die hinteren länger sind als die vorderen. Das zusammen macht sie zu einem Ass im Hoch- und Weitsprung. Hindernisse meistert sie problemlos, denn sie ist so gelenkig, dass sie sich überall hindurchschlängeln kann. Klettert sie an steilen, felsigen Berghängen herum, spreizt sie einfach ihre zweigeteilten Zehenhufe auseinander und schon hat sie einen festen Halt. Herz und Lunge der Gämse sind so leistungsstark, dass der Kletterkünstler nicht so leicht außer Atem gerät. Bald schon wird das Gamsjunge mit seinen Eltern mithalten können und tausend Höhenmeter in fünfzehn Minuten bewältigen!

Eine etwas kleinere Verwandte der in den Alpen lebenden Gämse ist die Pyrenäen-Gämse. Ihr Winterpelz ist auffälliger: dunkelbraun mit weißen Flecken. Alle Gämsen gehören zur Familie der Ziegen.

Der Braunbär

Zwei Bärenkinder tippeln neben ihrer Mutter her. Hin und wieder bleibt sie stehen, hebt einen großen Stein auf und frisst die Ameisen, die darunter verborgen sind. Sie zeigt ihren Kleinen, wo sie Himbeeren, zarte Blätter und schmackhafte Wurzeln finden. Vor den erstaunten Kinderaugen klettert die Bärin auf einen Baum und nascht vom süßen Bienenhonig. Die Bärenjungen versuchen, ihr zu folgen. Ein schwieriges Unterfangen – spielen und Purzelbäume schlagen ist doch besser! Die Bärenmama lässt sie gewähren, beobachtet sie jedoch die ganze Zeit aus den Augenwinkeln. Sollte es ein Adler oder ein Wolf auf ihre Kinder abgesehen haben, eilt sie herbei und richtet sich auf ihren Hinterpfoten zu voller Größe auf. Die Drohung ist eindeutig und der Feind ergreift die Flucht.

Die fürsorgliche Bärenmutter kümmert sich ungefähr zwei Jahre um ihre Jungen. Sanft und geduldig lässt sie es zu, wenn die Kleinen mit ihr spielen wollen, und begleitet sie überall hin.

Wer bin ich?

Der Braunbär

Klasse: Ich gehöre zur Klasse der Säugetiere und bin Allesfresser, wobei ich pflanzliche Nahrung bevorzuge.
Größe: Ich bin bis zu 1,10 Meter hoch, wenn ich auf allen vieren gehe, und ungefähr 2 Meter hoch, wenn ich aufrecht stehe.
Gewicht: Als Männchen wiege ich bis zu 300 Kilogramm und als Weibchen ungefähr 150 Kilogramm.
Merkmale: Da ich nicht besonders gut sehen kann, benutze ich meinen ausgeprägten Geruchssinn zur Nahrungssuche.

Wissenschaftlicher Name:
Ursus arctos

Die Winzlinge

Ein kalter Tag im Januar, es schneit. Die Bären kümmert das nicht, denn sie liegen gut geschützt in ihrer Höhle. Drei Junge, kaum größer als ein Kätzchen, sind zur Welt gekommen und trinken ihre erste Milch. Blind, taub und spärlich bekleidet – nur dünne Flaumhärchen bedecken ihre Haut –, kuscheln sie sich Wärme suchend an ihre Mutter. Die Bärin ist riesig im Vergleich zu ihren Kindern! Ihr Winterschlaf in der Höhle ist durch die Geburt nur kurz unterbrochen worden. Sie wird weiterdösen und die Kleinen immer wieder im Halbschlaf säugen. Sie selbst nimmt ja während des Winterschlafs überhaupt keine Nahrung zu sich und hat nur deshalb genügend Milch, weil ihre Kinder so winzig sind.

Die Bärin säugt ihre Jungen vier Monate lang. Dank der fetten, nahrhaften Milch wachsen sie schnell.

Spielend groß werden

Als es endlich Frühling wird, verlässt die hungrige Bärin ihr Winterquartier und beginnt sofort mit der Nahrungssuche. Neugierig auf ihre neue Welt, krabbeln auch die Bärenjungen aus der Höhle und bleiben erst einmal ganz in ihrer Nähe. Sie schlagen ein paar Purzelbäume und rollen sich im Schlamm. Nach und nach werden sie immer übermütiger. Zu ihren Lieblingsspielen zählen wilde Verfolgungsjagden, Bäume hochklettern und Tatzentritte austeilen. Die Bärin lässt sie dabei keinen Moment aus den Augen. Wenn einer der kleinen Draufgänger zu hoch hinaus will oder zu weit weg rennt, ruft sie ihn mit lautem Brummen zurück.

Trotz seines Gewichts ist das Bärenjunge in der Lage, einen Baum zu erklimmen. Vier bis fünf Zentimeter lange Krallen und kräftige Muskeln sind seine Kletterhilfen.

Sehr sportlich

Dass die Bärenjungen so gern und viel spielen, ist für sie von großem Vorteil, denn sie werden dadurch immer kräftiger. Dank ihrer gut trainierten Beinmuskulatur können sie über kurze Strecken schon ganz schön schnell laufen. Ausgewachsene Bären erreichen eine Geschwindigkeit von fünfzig Kilometern pro Stunde. Das ist so schnell wie ein Auto in der Stadt höchstens fahren darf. Ob groß oder klein, Bären sind Wasserratten und ein Bad im Fluss bietet obendrein die Chance, per Tatzenhieb einen Lachs zu fangen. Voller Energie schütteln sie die Beerensträucher und knicken sogar Zweige ab, um sich an den Früchten zu laben. Mit fast zwei Jahren sind sie zwar noch lange nicht ausgewachsen, aber immerhin groß genug, um allein zurechtzukommen und sich von ihrer Mutter zu trennen.

Bärenjunge lieben das Wasser und sind gute Schwimmer. Sie tollen herum, spritzen sich gegenseitig nass und liefern sich Scheingefechte.

Vorsicht, Abstand halten! Die Bärin ist wild entschlossen, ihre Jungen zu verteidigen. Sie richtet sich auf, lässt den Blick schweifen und spitzt wachsam die Ohren.

Der Steinbock

Ein Sommermorgen im August. Ein Steinbockjunges folgt seiner Mutter und den anderen Weibchen mit deren Nachwuchs. Noch vor Sonnenaufgang ist die Herde aufgebrochen, um sich ihre Morgenmahlzeit in Form von Gräsern, Kräutern, Flechten und Blättern zusammenzusuchen. Das zwei Monate alte Zicklein frisst zwar schon die Nahrung der Großen, wird aber weiterhin von seiner Mutter gesäugt. Die geheimnisvolle Welt der Berge mit all ihren Gefahren ist dem kleinen Steinbock bereits so vertraut, dass ihn seine ausgelassenen Bocksprünge den Abhang entlang noch nicht einmal ins Straucheln bringen. So sorglos spielend verbringen er und die anderen Jungtiere den größten Teil des Tages, während ihre Mütter beieinander liegen und ruhen. Selbst der Abstieg gegen Abend ist ein aufregendes Spiel für die kleinen Rabauken: Wagemutig rutschen sie auf dem Gras die schwindelerregenden Berghänge hinab!

Ebenso wie die Gämse gehört auch der Steinbock zur Gattung der Ziegen. Das Jungtier bleibt so lange bei seiner Mutter, bis sie wieder trächtig ist.

Wer bin ich?

Der Alpensteinbock

Klasse: Ich gehöre zur Klasse der Säugetiere und bin Pflanzenfresser.
Größe: Ich bin 75 bis 90 Zentimeter hoch, wenn ich ein Männchen bin, und 70 bis 80 Zentimeter, wenn ich ein Weibchen bin.
Gewicht: Ich wiege bis zu 110 Kilogramm, wenn ich ein Männchen bin, und bis zu 50 Kilogramm, wenn ich ein Weibchen bin.
Merkmale: Männchen haben sehr lange Hörner, die der Weibchen sind kürzer.

Wissenschaftlicher Name:
Capra ibex

Die Hörner wachsen mit

Ein paar Wochen nach seiner Geburt kommen bei dem Steinböckchen ganz kleine Hörner zum Vorschein. Sie werden sein ganzes Leben über weiter wachsen, jedoch immer nur in der warmen Jahreszeit, bei Einbruch des Winters stellen sie das Wachstum ein. Jahr für Jahr der gleiche Rhythmus. Wenn der kleine Bock ausgewachsen ist, können seine Hörner eine Länge von einem Meter erreichen. Jedes von ihnen kann sechs Kilogramm wiegen! Bei den Steingeißen, wie man die Weibchen nennt, ist das anders. Ihre Hörner werden nur etwa fünfundzwanzig Zentimeter lang und wiegen jeweils nur zweihundert Gramm.

Die Länge der Hörner deutet darauf hin, dass dieses Männchen schon recht alt ist. Seine Nackenmuskulatur ist sehr gut ausgebildet, um das Gewicht der Hörner tragen zu können.

Hier bin ich der Chef!

Was die jungen Böcke hier spielerisch erproben, entscheidet bei den Erwachsenen darüber, wer der Stärkste ist und wer sich mit mehreren Weibchen paaren darf.

Die Steinböckchen imitieren die ausgewachsenen Böcke und deren Kämpfe. Zwei Männchen stehen sich gegenüber, richten sich auf den Hinterbeinen auf, und während sie wieder auf alle viere kommen, rammen sie sich gegenseitig mit den Hörnern. Eine andere Kampfform ist, aufeinander loszugehen, die Hörner zu kreuzen und zu versuchen, den anderen an den Hang zu drängen. Auf diese Weise erproben die jungen Männchen ihre Kraft und die Kampftechniken, die sie als Erwachsene brauchen. Dann wird es darum gehen, ein Weibchen zu erobern und sich fortzupflanzen. Noch ist aber alles ein Spiel.

Ein Tier aus der Urzeit

Mit seinem massigen Körper und den überlangen Hörnern sieht er ja schon etwas seltsam aus! Der Steinbock ist immerhin ein Überlebender aus der Vorgeschichte, der sich nach der letzten Eiszeit vor zehntausend Jahren in die Berge zurückgezogen hat. Noch vor nicht allzu langer Zeit ist er wegen seiner schönen Hörner und seines sehr schmackhaften Fleisches so stark bejagt worden, dass er fast ausgestorben wäre. Heute ist der Steinbock streng geschützt und im gesamten Alpenraum beheimatet. In Spanien lebt zudem ein enger Verwandter, der etwas kleinere Iberiensteinbock.

Steinböcke werden ohne Hörner geboren. Bei einjährigen Männchen können sie schon 19 Zentimeter und bei Weibchen 12 Zentimeter lang sein.

Der Frühling ist die Zeit des Fellwechsels: Der Steinbock verliert seinen Winterpelz. Die langen Hörner erweisen sich dann als sehr praktisch, um sich den juckenden Rücken zu kratzen und die ausfallenden Haare wegzurupfen!

Der Luchs

Die raue Zunge der Luchsmama striegelt sorgfältig die drei kleinen Wollknäuel, die sich ganz eng an ihren Leib schmiegen. Gerade erst geboren, suchen sie die Wärme ihres dichten Fells. Da sie noch nichts sehen können, tasten sie mit ihren kleinen Mäulchen nach den Milch spendenden Zitzen. Erst in zwei Wochen werden sich ihre Augen öffnen. Die winzigen Neulinge sind hilflos und schutzbedürftig. Aber keine Sorge: Ihre Mutter hat eine sichere Felsnische als Schlupfwinkel ausgewählt. Hier ist die kleine Familie vor Regen und Wind, aber auch vor Feinden geschützt. Wenn sich die Luchsin dort jedoch nicht mehr sicher fühlt, nimmt sie die Kleinen kurz entschlossen in ihr Maul und trägt sie zu einem anderen Versteck.

Die Luchsin bringt zwei bis vier Junge zur Welt. Die Kleinen lernen ihren Vater nie kennen, denn ausgewachsene Luchse sind Einzelgänger.

Wer bin ich?

Der Eurasische Luchs

Klasse: Ich gehöre zur Klasse der Säugetiere und bin Fleischfresser.
Größe: Ich bin 50 bis 75 Zentimeter hoch.
Gewicht: Wenn ich ein Männchen bin, wiege ich bis zu 30 Kilogramm, und ungefähr 20 Kilogramm, wenn ich ein Weibchen bin.
Merkmale: Dank meiner ausgezeichneten Augen kann ich nachts meine Beutetiere gut orten. Deshalb sagt man von Menschen, die sehr gut sehen, „Sie haben Augen wie ein Luchs".

Wissenschaftlicher Name:
Lynx lynx

Luchskinder werden Ende Mai geboren und von der Mutter drei Monate lang gesäugt.

Die ersten Bissen

Das Luchsjunge öffnet die Augen und sieht, dass es mit seinen Geschwistern allein in der Höhle ist. Jetzt, da sie schon vier Wochen alt sind, geht ihre Mutter oft auf Beutefang. Zur großen Freude der Kleinen kommt sie heute schnell wieder zurück, hockt sich hin und würgt vorverdaute Fleischbrocken eines eben erst erlegten Hasen hervor. Die Jungluchse nehmen eine Kostprobe. Hmm! Gar nicht so schlecht! Am nächsten Tag bringt die Mama ein Eichhörnchen mit. Aber eigentlich mögen die drei einen guten Schluck Muttermilch immer noch am liebsten!

Der hungrige Jungluchs kann es kaum erwarten, von der Beute seiner Mutter etwas abzubekommen. Er wächst schnell und muss Muskelkraft aufbauen. Bald wird er selbst auf die Jagd gehen.

Sportliche Spiele

Die Luchsjungen hält jetzt nichts mehr in ihrer Kinderstube: Draußen wartet das Abenteuer! Sie rennen hintereinander her, balgen und rangeln, jagen Bäume hinauf. Immer höher, immer weiter geht ihr Spiel. Alles, was sich bewegt, erregt ihre Aufmerksamkeit: Schmetterlinge und Insekten, die ihre Jagdinstinkte wecken, Blätter, die im Wind tanzen und die sie im Sprung zu erwischen hoffen. Die kleinen Sportskanonen sind schnell und wendig und entwickeln alle Fähigkeiten, die einen guten Jäger ausmachen.

Luchsjunge sind sehr gelenkig. Ihr biegsamer Körper und ihre kräftigen Muskeln befähigen sie, ihre Beute mit einem Sprung zu erwischen.

Gemeinsam auf der Jagd

Eines Abends beschließt die Luchsin, ihren Nachwuchs mit auf die Jagd zu nehmen. Mit vier Monaten sind sie groß genug, um sich an einer Wühlmaus oder an einem Fuchsjungen zu versuchen. Staunend lernen sie das Jagdrevier ihrer Mutter kennen. Lautlos heften sie sich an ihre Fersen. Plötzlich bleibt sie stehen und verharrt regungslos. Am Waldrand steht eine Gämse. Auf leisen Sohlen schleicht sich die erfahrene Jägerin an, erreicht mit einem Satz die Beute und packt sie bei der Kehle. Sofort schleift sie das mit einem einzigen Biss getötete Tier zu ihren Jungen. Was für ein Festschmaus! Noch sind die Luchsjungen nicht so weit, dass sie ein Tier dieser Größe schlagen können. Nur Geduld! Mit einem Jahr werden sie vollkommen selbstständig sein und allein zurechtkommen.

Der Luchs ist die größte Wildkatze Europas. Er ist in den Alpen und in weiteren Regionen Deutschlands wie dem Bayrischen Wald zuhause.

Der Steinadler

Am Himmel erscheint die schwarze Form eines Vogels. Es ist ein Adler, der zu seinem Nest zurückkehrt. Seine Fänge, so nennt man die Krallen der Greifvögel, umklammern einen Hasen. Diese Beute bringt er dem kleinen Adlerküken. Seine Partnerin, die Adlermama, zerteilt die Beute in kleine Stücke und steckt sie eines nach dem anderen dem Kleinen in den Schnabel. Anschließend, mit vollem Bauch, tut eine Siesta in der Sonne gut. Überhaupt muss das erst vier Wochen alte Vogeljunge noch sehr viel schlafen. Aber schon bald werden seine Eltern gemeinsam auf die Jagd gehen und dann muss es mit der Beute, die sie ihm vor die Füße legen, allein zurechtkommen. Bis der Jungvogel das Nest verlässt, fliegen lernt und sich selbst versorgen kann, vergehen noch etwa eineinhalb Monate.

Ein Nest in einer Felsnische hoch oben in den Bergen und eine wachsame Mutter: Das Adlerjunge ist doppelt gut geschützt.

Wer bin ich?

Der Steinadler

Klasse: Ich gehöre zur Klasse der Vögel und bin Fleischfresser.
Größe: Als Weibchen bin ich ungefähr 90 Zentimeter und als Männchen ungefähr 80 Zentimeter hoch.
Gewicht: Wenn ich ein Weibchen bin, wiege ich zwischen 4 und 6 Kilogramm, und 3 bis 4 Kilogramm, wenn ich ein Männchen bin.
Merkmale: Ich habe sehr große Flügel. Ihre Spannweite beträgt bis zu 2,5 Meter. Mein kräftiger Schnabel ist lang und gebogen.

Wissenschaftlicher Name:
Aquila chrysaetos

Hops in die Freiheit

Will der kleine Adler etwa schon fliegen? Immer wieder sitzt er am Nestrand und schlägt kräftig mit den Flügeln. Oft wiederholt, sind diese Übungen das beste Training für gut ausgebildete Flugmuskeln! Je größer er wird, desto seltener kommen seine Eltern mit Nahrung vorbei. Eines Tages ist er dermaßen hungrig, dass er sich, in der Hoffnung, etwas Essbares zu finden, todesmutig ins Nichts stürzt. Noch etwas ungeschickt, landet er ziemlich unsanft irgendwo im Gras. Noch ein, zwei Versuche, und schon hat er entdeckt, dass er nur die Flügel ausbreiten und sich von der Luftströmung tragen lassen muss, um in der Luft segeln zu können wie ein Großer. Sein Schwanz hat lange Steuerfedern und leistet ihm gute Dienste: Er hilft ihm, das Gleichgewicht zu halten, die Richtung zu wechseln und den Flug bei der Landung abzubremsen.

Ein weiches Daunenkleid umhüllt den zarten Körper des eben geschlüpften Adlerjungen. Mit etwa fünf Wochen erscheinen die ersten schwarzen Federn.

Der kleine Adler steht neben seinem Nest, schaut ins Tal hinab und macht Gymnastik: Flügel ausbreiten, Flügel schlagen und das Ganze noch einmal – das beste Training fürs Fliegen.

Erste Jagdversuche

Seit der Jungadler gelernt hat zu fliegen, hält ihn nichts mehr im Nest. Er folgt Mutter und Vater in die unendliche Weite des Himmels. Eifrig beobachtet er ihre Jagdmethoden und versucht nach und nach, es ihnen gleichzutun. Die Adlerfamilie schwebt hoch droben am Himmelszelt und späht auf Murmeltiere, Hasen und junge Gämsen herab. Sobald sich eines der Tiere von seinem Unterschlupf oder seiner Herde entfernt, legen die Greifvögel ihre Flügel eng an den Körper, schießen mit enormer Geschwindigkeit in die Tiefe, schlagen ihre scharfen Krallen in die Beute und töten sie in wenigen Sekunden. Der Anfänger verfehlt natürlich sein Ziel mehrmals, wird aber mit jedem Versuch schneller und treffsicherer.

Noch wenige Sekunden, und der Adler stürzt auf seine Beute herab und packt sie im Flug. Der ausgewachsene Adler erreicht im Sturzflug eine Geschwindigkeit von 200 Kilometern pro Stunde, das ist schneller, als so manches Auto fahren kann.

Ganz auf sich gestellt

Wenn der Winter naht, werfen die Adlereltern ihren Nachwuchs aus dem Nest, denn sie brauchen es schon bald für die nächste Generation. Also schwingt sich der Jungadler in die Luft und macht sich auf die Suche nach einem Revier, das ausreichend Nahrung verspricht und noch frei ist. Keine leichte Aufgabe: Überall trifft er auf fremde Adler, die ihr Revier verteidigen und ihn verjagen. Vier lange Jahre irrt er umher, bevor es ihm endlich gelingt, ein eigenes Revier an einem Felshang zu erobern. Sofort fängt er an, ein Nest zu bauen, denn er muss schnell eine Partnerin finden, um sich seinerseits fortpflanzen zu können. Die zukünftige Mutter seiner Kinder wird er nie mehr verlassen.

Einen Jungadler erkennt man leicht an den vielen weißen Federn am Schwanz und an der Flügelunterseite. Bei erwachsenen Adlern sind diese Federn durchgehend dunkelbraun.

Der Mufflon

Die Aprilsonne erwärmt langsam das Gebirge. Ein kleines Mufflon hat soeben das Licht der Welt erblickt. Im nächsten Moment hat es schon ein paar Grashalme im Mäulchen! Hm, kann man fressen, aber nichts geht über fette, nahrhafte Muttermilch! Dennoch erteilt ihm seine Mama schon in den nächsten Tagen Unterricht in Pflanzenkunde, sodass es als sechs Tage altes Lamm bereits weiß, wo die besten und zartesten Pflanzen zu finden sind. Freilich wird der Nachwuchs noch eine Zeit lang gesäugt, ist jedoch, was vegetarische Kost anbelangt, schon Selbstversorger. Erst wenige Tage auf der Welt, verspürt das Kleine bereits einen enormen Bewegungsdrang. Während die Mutter ruht, um wiederzukäuen und zu verdauen, springt und rennt es ausgelassen umher. Aber die Mufflonmutter muss sich keine Sorgen machen, denn der Nachwuchs ist schon äußerst geschickt und beweglich.

Die Mufflonmama sucht sich für die Geburt ihres Lamms ein ruhiges Plätzchen aus. Aber kaum ist es auf der Welt, verlässt sie den Ort und geht mit ihrem Kleinen woanders hin.

Wer bin ich?

Der Europäische Mufflon

Klasse: Ich gehöre zur Klasse der Säugetiere und bin Pflanzenfresser.

Größe: Ich messe etwa 75 Zentimeter in der Höhe, wenn ich ein Männchen bin, und 65 Zentimeter, wenn ich ein Weibchen bin.

Gewicht: Als Männchen wiege ich zwischen 35 und 50 Kilogramm und als Weibchen zwischen 25 und 35 Kilogramm.

Merkmale: Ich habe große, gebogene Hörner, wenn ich ein Männchen bin, und kleine oder gar keine Hörner, wenn ich ein Weibchen bin.

Wissenschaftlicher Name:
Ovis orientalis musimon

Ein Leben in der Gruppe

Fünf Tage nach der Geburt ihres Jungen macht sich die Mufflonmutter mit dem Kleinen auf den Rückweg zu ihrer Herde. Die Herde ist eine Gemeinschaft von mehreren Dutzend Weibchen und ihren Jungen, in deren Mitte das Neugeborene sehr gut aufgehoben ist. Grasen, nahrhafte Muttermilch trinken, mit den anderen Lämmern spielen und herumrennen, das zeichnet sorglose Mufflonkindertage aus. Manchmal wird das Kleine von Neugier getrieben und entfernt sich ein bisschen zu weit von der Herde. Die Mutter nimmt es gelassen und sorgt sich nicht, denn sie weiß, dass das Kleine ihr Blöken aus allen anderen Rufen heraushört und schnell zu ihr zurückfindet.

Der Mufflon gehört zur Familie der Schafe. Das Männchen wird „Widder" genannt und das Weibchen „Schaf".

Wenige Stunden nach der Geburt kann das Lamm schon laufen und auf Futtersuche gehen.

Achtung, Gefahr!

Flieht die Herde, dann stürmt das älteste Schaf voraus und die ausgewachsenen Widder bilden den Schluss. Dazwischen sind die langsameren Jungtiere gut geschützt.

Während die Mufflonherde friedlich und unbeschwert am Berghang grast, hat das wachsame Leittier, das älteste und erfahrenste Schaf der Gruppe, die Umgebung fest im Blick. Plötzlich reckt es den Kopf in die Höhe, denn ein streunender Hund ist aufgetaucht. Die Lämmer sind in höchster Gefahr. Ein kurzes Blöken seitens der Chefin versetzt die Herde in Alarmbereitschaft und fordert sie gleichzeitig auf zu fliehen. Sofort stellen alle Tiere das Grasen ein und rennen los. Ihr Tempo ist beachtlich: fünfzig bis sechzig Kilometer pro Stunde! Nach einer Weile kehrt wieder Ruhe ein. Den Lämmchen ist nichts passiert.

Gemeinsam den Winter überstehen

Wenn im Winter das Gras von Schnee bedeckt ist, suchen die Mufflons den Wald auf und fressen die dünnen Zweige der Sträucher.

Im Herbst schließen sich die Widder der Herde wieder an, um die nächste Mufflongeneration zu zeugen, und sie werden den ganzen Winter über bei den Weibchen bleiben. Das Mufflonjunge verbringt jetzt mehr Zeit mit anderen Lämmern als mit seiner Mutter. Die Bergwiesen liegen unter einer dicken Schneedecke, und die Tiere haben große Mühe, voranzukommen und Futter zu finden. Sie müssen weiterziehen, irgendwohin, wo weniger Schnee liegt und leichter an Gras heranzukommen ist. Am Ende des Winters ziehen die Böcke wieder ihrer eigenen Wege und nehmen die fast zweijährigen Jungwidder mit. Das im letzten Frühling geborene Kleine bleibt noch ein weiteres Jahr bei seiner Mutter und den gleichaltrigen Spielgefährten.

Das Hermelin

Hier und da liegt noch ein wenig Schnee, doch die ersten Maiblumen wollen nicht länger warten und drängen ans Licht. Sonst rührt sich nichts. Wirklich? In einem scheinbar leblosen Steinhaufen geht es hoch her! Es ist die Kinderstube von zehn Hermelinbabys, die alle gleichzeitig und sich unsanft schubsend an die Zitzen der Mutter drängeln – und sie hat doch nur acht! Zum Glück sind die Kleinen schon einen Monat alt und bald so weit, die Beute zu fressen, die ihre Mutter von der Jagd mitbringt: Feldmäuse, Kaninchen und kleine Vögel. Ab der siebten Woche erkunden sie die Umgebung außerhalb des Nests und mit spätestens zwölf Wochen brauchen sie schon keine Muttermilch mehr. Aber sie werden nicht alle überleben; nur die stärksten erreichen das Erwachsenenalter.

Hermelinjunge werden zwei bis drei Monate von ihrer Mutter gesäugt. Junge Weibchen sind mit einem halben Jahr ausgewachsen, junge Männchen hingegen erst mit einem Jahr.

Wer bin ich?

Das Hermelin

Klasse: Ich gehöre zur Klasse der Säugetiere und bin Fleischfresser.
Größe: Als Männchen bin ich 40 Zentimeter und als Weibchen 35 Zentimeter lang.
Gewicht: Ich wiege zwischen 125 und 450 Gramm, wenn ich ein Männchen bin, und ein bisschen weniger, wenn ich ein Weibchen bin.
Merkmale: Ich bin lebhaft und schnell. Ich habe einen dicken Pelz, aus dem früher die Mäntel der Könige gefertigt wurden.

Wissenschaftlicher Name:
Mustela erminea

Die ersten Lebenstage

Bei seiner Geburt ist das Hermelinbaby kaum größer als ein Finger. Es wiegt zwei, drei Gramm und ist fünf Zentimeter lang. Seine Augen sind geschlossen, und es ist nackt. Nur auf dem Rücken hat es eine ganz kleine Mähne, die sich immer dann als sehr praktisch erweist, wenn die Mutter eine Störung in der Nähe des Nests bemerkt: Nach Katzenart packt sie ein Kind nach dem anderen an dieser Mähne und trägt es in ein anderes Versteck. Zwei Wochen nach der Geburt wachsen weitere Haare, und wenn sie im Juni ihr Nest verlassen, ist zumindest ihr Rücken von Fell überzogen.

Hermeline hausen in Steinhaufen, Erdlöchern oder hohlen Baumstümpfen bis in eine Höhe von 3.000 Metern.

Mit seinem braunen Fell ist das Hermelin auch zwischen Steinen gut getarnt. Deshalb vermeidet es Bergwiesen und läuft lieber an Steinmauern und Felsen entlang.

Braun wie die Erde

Vom Frühling bis zum Herbst sind Hermeline zweifarbig: weißer Bauch und brauner Rücken. Das ist sehr sinnvoll, denn so fallen sie kaum auf, weder am Boden noch in den Ästen der Bäume. Anders gefärbt wären kleine Hermeline eine allzu leichte Beute für Adler und Fuchs. Nun sind ausgewachsene Hermeline ja selber Jäger, müssen die Jagd aber erst lernen. Also rennen die Kleinen immer hinter ihrer Mutter her, wenn sie auf Beutefang geht, und schauen wissbegierig zu. Wenn Mäuse und kleine Vögel Mangelware sind, zeigt ihnen die Mutter, wie sie Kaninchen, Frösche oder Eidechsen erwischen können.

Weiß wie Schnee

Mit Ausnahme der schwarzen Schwanzspitze wird das Hermelin zu Beginn des Winters vollkommen weiß. Normalerweise dauert das ein paar Wochen. Gibt es jedoch einen plötzlichen Kälteeinbruch, ist der Farbwechsel schon nach wenigen Tagen abgeschlossen. Flitzt das Hermelin durch die verschneite Landschaft, ist es kaum zu sehen. Immer wieder verschwindet es unter der Schneedecke, um in schmalen unterirdischen Gängen eine unvorsichtige Maus zu jagen. Dabei kommt dem Hermelin sein dünner, wendiger Körper zugute. Die Hermelinjungen sind nun erwachsen. Die Familie hat sich aufgelöst. Die Männchen wandern fort auf der Suche nach einem neuen Revier, während die Weibchen in der Nähe ihres Geburtsortes bleiben.

Je kälter der Winter, desto weißer das Hermelinfell. In milden, schneearmen Wintern bleicht das Fell weniger.

Die Feldmaus ist das bevorzugte Beutetier des Hermelins. Es tötet den Nager durch einen Nackenbiss und trägt ihn zu seinen Jungen.

Der Apollofalter

Der Sommer im Hochgebirge ist heiß und so ganz nach dem Geschmack des Apollofalters. Er braucht die Sonne zum Leben. Der schöne Schmetterling ist leicht an seinen vier weißen Flügeln mit roten und schwarzen Flecken zu erkennen. Immer wieder unterbricht er seinen Flug entlang der Bergflanken und Bäche, um sich auf einer Blüte niederzulassen und Nektar zu trinken. Bei näherem Hinsehen entpuppt er sich als Weibchen, das eine schwere Last mit sich herumträgt: In seinem Bäuchlein warten an die hundert Eier darauf, auf Pflanzen oder Steinen abgelegt zu werden. Nur ein kleiner Teil davon wird zur Reife gelangen. Die einen spült der Regen fort, die anderen picken die Vögel weg. Das Falterweibchen stirbt, sobald es mit der Eiablage fertig ist. Seine Kinder werden ihre Mutter niemals kennenlernen.

Unter den Bergschmetterlingen ist der Apollofalter einer der größten. Er ist auf allen Wiesen anzutreffen.

Wer bin ich?

Der Apollofalter

Klasse: Ich gehöre zur Klasse der Insekten und ernähre mich von süßem Blütennektar.
Größe: Ich messe 4 bis 7 Zentimeter von einem Flügelende zum anderen.
Merkmale: Schwarze Flecken verzieren meine zwei vorderen Flügel, und die zwei hinteren Flügel weisen rote oder orangefarbene Flecken auf, die man „Augenflecken" nennt. Meinen Körper überzieht ein ganz feiner Haarflaum.

Wissenschaftlicher Name:
Parnassius apollo

Das Leben beginnt als Raupe

Der Schmetterling verwandelt sich ein Leben lang. Am Anfang steht ein Ei. Als der Schnee beginnt zu schmelzen, reckt sich eine winzige Nase dem Licht entgegen. Sie gehört einer Raupe, die nach einer achtmonatigen Entwicklungszeit im Ei die Schutzhülle verlässt. Ihre schwarze Haut ist ganz pelzig und hat gelbe Punkte. Bei Sonnenschein wird die Raupe aktiv und stillt ihren Hunger an den Blütenknospen der Weißen Fetthenne, einer Bergpflanze. Sie frisst und frisst und wächst und wächst; so lange, bis ihre Haut nicht mehr passt und sie sich häuten muss. Sie streift die alte Haut einfach ab und darunter ist schon eine neue gewachsen. Die Raupe wird sich noch drei Mal auf diese Weise häuten.

Die Raupe liebt den Sonnenschein und die Weiße Fetthenne, ihre Futterpflanze. Wenn es kalt ist, kuschelt sie sich Wärme suchend an ihre Geschwister.

Im Schutz der Puppe

Die Raupe schlüpft ein letztes Mal aus ihrer schwarzen Haut und verpuppt sich. Die Puppe ist mit einer blauen Wachsschicht überzogen.

Die Raupe ist jetzt sieben Zentimeter lang. Es ist Zeit, sich zu verpuppen – die letzte Etappe vor dem Schmetterlingsdasein. Sie braucht ein Versteck für die Verwandlung und findet es unter einem Stein oder einem Grasbüschel. Aber zuerst muss sie noch allerlei Reisig- und Blattschnipsel zusammensuchen, die sie schließlich mit einem seidenen Faden verschnürt. Fertig ist die Puppe, auch Kokon genannt. Im Inneren der blauen Schutzhülle verwandelt sich die Raupe in einen Schmetterling.

Eine zweite Geburt

Nach etwa zwei Wochen reißt die Puppe auf und der fertige Schmetterling kommt zum Vorschein. Die faszinierende Verwandlung im Inneren des Kokons nennt man „Metamorphose". Der Apollofalter erklimmt den nächstbesten Halm und entfaltet ganz langsam seine zerknitterten Flügel. Wenig später sind sie geglättet und der Falter erhebt sich in die Luft. Er fliegt eine Weile umher, lässt sich sodann auf einer Distel nieder, steckt seinen dünnen Saugrüssel in eine der blauen Blüten und schlürft den süßen Nektar. Der Bergsommer geht schnell vorüber, und kaum ist der Schmetterling seiner Puppe entstiegen, kommt auch für ihn die Zeit, sich fortzupflanzen. Damit beginnt der Kreislauf des Lebens von Neuem.

Den größten Teil seines Lebens verbringt der Apollofalter im Eistadium. Als Schmetterling verbleiben ihm nicht viel mehr als zwei Monate.

Der Apollofalter stammt ursprünglich aus dem Himalaya-Gebirge in Asien. Er ist in seiner Existenz bedroht, weil ihm die Klimaerwärmung zu schaffen macht und die Bergwiesen immer weniger werden.

Das Alpenschnee-huhn

Im kurzen Gras hoch droben am Berg sitzt ein Schneehuhn auf seinen Eiern und brütet. Der zukünftige Vater hält nebendran Wache. Wenn sich ein Fressfeind nähert, ein hungriger Rabe zum Beispiel, beginnt er zu rufen, um seine Partnerin zu warnen. Gleichzeitig versucht er, den Eindringling vom Nest wegzulocken, indem er dessen Aufmerksamkeit auf sich zieht. Das Nest ist nur eine Mulde im Gras und alles andere als gut versteckt. Die Henne indessen verlässt sich auf ihr unauffälliges Gefieder, das sie bestens tarnt. Nach etwa drei Wochen bekommen die Eier die ersten Risse und in weniger als zwölf Stunden sind alle Küken geschlüpft.

Sobald die Küken geschlüpft sind, beendet der Hahn seine Vaterrolle. Die Henne wärmt die Kleinen, wenn es kalt ist, sie zeigt ihnen, was sie fressen können, und sie beschützt sie vor Feinden.

Wer bin ich?

Das Alpenschneehuhn

Klasse: Ich gehöre zur Klasse der Vögel und bin Pflanzenfresser. Nur als Jungvogel fresse ich bisweilen auch Kleintiere.
Größe: Ich bin 35 bis 40 Zentimeter lang und meine Flügelspannweite beträgt etwa 60 Zentimeter.
Gewicht: Ich wiege um die 500 Gramm.
Merkmale: Ich wechsele dreimal im Jahr meine Federn. Im Frühling sind sie rostbraun, schwarz und weiß, im Herbst eher grau und im Winter weiß.

Wissenschaftlicher Name:
Lagopus muta

Klein aber oho!

Das Schneehuhnküken hat erst vor wenigen Minuten seine Eierschale geknackt und ist geschlüpft. Es steht zwar schon ganz sicher auf den Beinchen, aber sein nasses Daunenkleid in den Farben rostbraun und schwarz muss erst noch trocknen, bevor es das Nest verlassen und hinter seiner Mutter herlaufen kann. Nur wenige Stunden später trippelt es herum und sucht den Boden nach Futter ab. Wie seine Verwandten, die Küken des Haushuhns, pickt es sich instinktiv das Richtige heraus: Insekten, kleine Schnecken und Grünzeug. Seine Eltern hingegen ernähren sich überwiegend von zarten Pflanzentrieben und Blättern.

Das Daunenkleid des Kükens ist farblich der Umgebung so gut angepasst, dass man es kaum sehen kann. Unter den Blättern findet das Küken die köstlichsten Raupen!

Wenn der Warnruf der Mutter ertönt, kauern sich die Küken reglos auf den Boden, bis die Mama gackernd Entwarnung gibt.

Der kleine Läufer

Da sie schon so gut laufen können, mutet die Schneehuhnmama ihren Küken große Entfernungen zu, wenn am Ziel das Nahrungsangebot besonders verlockend ist. Die flauschigen Beine eines Schneehuhns erinnern an Hasenpfoten. Schneehühner sind zwar in der Lage zu fliegen – das Küken hat es schon nach zehn Tagen gelernt –, aber zu den Flugexperten gehören sie nun wirklich nicht! Sie sind also fast immer zu Fuß unterwegs. Wenn ein Hermelin oder ein Fuchs auftaucht, folgt das Küken einem Reflex und versteckt sich unter einem dicken Grasbüschel, statt auf einen Ast zu fliegen. Kommt ihm jedoch der Feind zu nah, rennt es blitzartig los oder hebt sogar ab, um einige Meter weit zu fliegen.

Bald erwachsen

Das junge Schneehuhn verlässt seine Mutter im Alter von zehn bis zwölf Wochen und lebt eine Zeit lang mit seinen Geschwistern und anderen Gleichaltrigen zusammen. Jedes Jahr aufs Neue bilden sich im Herbst zahlreiche Trupps dieser Art. Gemeinsam ziehen sie in tiefere Lagen, wo sie den Winter über bleiben. Wenn der Frühling kommt, beginnt die Suche nach einem eigenen Revier. Manchmal muss ein Schneehuhn zehn Kilometer und mehr zurücklegen, bis es endlich eines gefunden hat. Das einstige Küken ist jetzt groß genug, um selbst eine Familie zu gründen.

Das ausgewachsene Alpenschneehuhn kann, wenn nötig, einige Hundert Meter weit fliegen, um beispielsweise eine Gebirgsspalte zu überqueren oder um vor einem Feind zu fliehen.

Dank seines weißen Gefieders ist das Schneehuhn in der Winterlandschaft fast unsichtbar. Ein Beinkleid aus flauschigen Federn schützt vor Kälte und verhindert das Einsinken im Schnee.

Die Forelle

Die winterliche Kälte kann die Forelle nicht aufhalten: Zielstrebig schwimmt sie flussaufwärts, um weiter oben im klaren Bergwasser zu laichen. Mit ihrem Bauch drückt sie eine Kuhle in den Kies des Flussbettes und legt Hunderte winziger Eier hinein. Bevor sie den Laich unter Kieselsteinen verbirgt, bedeckt ihn das Männchen mit seiner Samenflüssigkeit. Die Eier sind nun befruchtet und die nächste Forellengeneration kann sich entwickeln. Männchen und Weibchen kümmern sich nicht weiter um das Gelege und schwimmen davon, ein jedes seiner Wege. Weit unter der Wasseroberfläche sind die Eier vor Frost, Strömung und Fressfeinden bestens geschützt. Wenn endlich der Frühling im Gebirge einzieht, ist die Zeit der kleinen Forellen gekommen: Tief unten im Wasser schlüpfen sie zu Hunderten aus ihren Eiern.

Die Forelle braucht absolut klares, sauberes Wasser für die Eiablage. In verschmutztem Wasser, das nicht genügend Sauerstoff enthält, können sich keine Forellenlarven entwickeln.

Wer bin ich?

Die Forelle

Klasse: Ich gehöre zur Klasse der Fische und bin Fleischfresser.
Größe: In einem Gebirgsbach werde ich 20 bis 25 Zentimeter lang
Gewicht: Ist meine Heimat ein Gebirgsbach, wiege ich zwischen 100 und 300 Gramm.
Merkmale: Ich passe mich farblich an meinen Lebensraum an. Ist er schattig, trägt mein Rücken die Farbe dunkelgrün oder braun. Ist er sonnig, schimmert mein Rücken silbrig grau.

Wissenschaftlicher Name:
Salmo trutta

Je kälter das Wasser ist, desto länger müssen die Eier reifen. Die Larven, die am Ende schlüpfen, sind nur wenige Millimeter lang.

Die ersten Tage

Forellen schlüpfen als Larven aus ihren Eiern und sehen mit ihren Schwänzchen und dicken Bäuchen noch nicht so richtig wie Fische aus. Sie können noch nichts fressen, da ihnen das Mäulchen fehlt. Aber das brauchen sie auch nicht, denn die gesamte Nahrung für die ersten Lebenstage steckt in ihren dicken Bäuchen. Sie können auch noch nicht schwimmen, denn ihre Flossen müssen erst noch wachsen. Sie haben keine andere Wahl, als noch ein paar Wochen an ihrem Geburtsort zu verweilen.

Während der Verwandlung von der Larve zur Forelle wachsen die Rücken- und Bauchflossen sowie die Schwanzflosse – die kleine Forelle kann endlich schwimmen!

Die junge Forelle lebt im ruhigen Wasser, wo ihr die Großen die Beute nicht streitig machen können. Als Einzelgängerin mag sie ihr Revier nicht teilen.

Die Verwandlung

Nach und nach leert sich der Nahrungsspeicher im Bauch der Larve. Endlich werden Mäulchen und Flossen gebildet, sodass der winzige Wasserbewohner immer mehr wie eine Mini-Forelle aussieht. Der kleine Fisch schwimmt an die Wasseroberfläche, um die Schwimmblase im Inneren seines Körpers mit Luft zu füllen. Diese Blase funktioniert wie ein Ballon, der nach oben steigt, und sie erlaubt der kleinen Forelle, direkt unter der Wasseroberfläche Insekten aufzulauern und blitzartig nach ihnen zu schnappen.

Es lebe die Strömung!

Anfangs wählt die junge Forelle das flachere Wasser als Jagdrevier, weil dort die Strömung schwächer und das Jagen leichter ist. Aber je größer sie wird, desto größer werden die Ansprüche, die sie an ihr Revier stellt. Also muss sie sich in tieferes Wasser vorwagen, wo die Strömung stärker und wo reichere Beute zu machen ist. Die kleine Forelle lauert im Strömungsschatten oder hinter einem Stein, bis ein Insekt oder Weichtier vorbeikommt, und schwupps! verschwindet die Beute in ihrem Mäulchen.

Aus der kleinen Forelle wird ein flinker, kräftiger Fisch, der es schafft, die Wasseroberfläche zu durchstoßen und im Sprung ein Insekt zu fangen.

Bilderrätsel

Finde diese Tiere im Buch!
Wie heißen sie?

4.

5.

6.

Tierquiz

Ob Löwe, Elefant, Murmeltier oder Gämse: In diesem Buch haben dir viele Tierkinder von ihrem Leben erzählt. Zeit, dein Wissen mit ein paar kniffligen Fragen zu testen. Wenn du etwas vergessen hast, schau ruhig auf der entsprechenden Buchseite nach! Die richtigen Antworten findest du auf Seite 130.

Der Löwe

Wer trägt eine Mähne?

a) Nur das Männchen
b) Nur das Weibchen
c) Männchen und Weibchen

Welche Farbe hat das Fell des Löwenbabys?

a) Das Fell ist schwarz.
b) Das Fell hat die Farbe der ausgewachsenen Löwen.
c) Das Fell ist gefleckt.

Das Flusspferd

Wie lautet der wissenschaftliche Name des Flusspferdes?

a) Hippopotamus
b) Hippocampus
c) Hippodrom

Wie ist die Haut des jungen Flusspferdes?

a) Sehr dick
b) Durchschnittlich dick
c) Sehr zart

Die Giraffe

Wie bekommt das Giraffenweibchen sein Junges?

a) Im Stehen
b) Im Liegen
c) Auf den Knien

Wie viel wächst das Giraffenkind im ersten Lebensjahr?

a) Einen Zentimeter pro Monat
b) Fünf Zentimeter pro Monat
c) Zehn Zentimeter pro Monat

Die Hyäne

Wie verbringen junge Hyänen die Nacht?

a) Bei ihrem Vater
b) Bei ihrer Mutter
c) Ganz allein

Welche Bezeichnung trifft auf die Hyäne zu?

a) Pflanzenfresser
b) Fleischfresser
c) Allesfresser

Das Zebra

Welche Farbe haben die Streifen des Zebras bei der Geburt?

a) Grau
b) Braun
c) Schwarz

Wann wird das Zebra geboren?

a) Meistens in der Regenzeit
b) In der Trockenzeit
c) Irgendwann im Laufe des Jahres

Der Leopard

Sieht der Leopard gut in der Dunkelheit?

a) Ja, sehr gut
b) Nein, gar nicht
c) Nein, nur wenig

Mit was für einem Fell wird der kleine Leopard geboren?

a) Mit weißem Fell
b) Mit geflecktem Fell
c) Mit braunem Fell

Der Strauß

Wer brütet die Straußeneier aus?

a) Das Männchen
b) Das Weibchen
c) Männchen und Weibchen

Ist der Strauß flugfähig?

a) Ja, aber erst, wenn er ausgewachsen ist.
b) Ja, aber nur das Männchen.
c) Nein, er ist flugunfähig.

Das Nashorn

Wie lange bleibt das Nashornjunge bei seiner Mutter?

a) Ungefähr zwei Monate
b) Ungefähr acht Monate
c) Zwei bis drei Jahre

Ist das Nashorn ein Pflanzenfresser?

a) Nein, es ist Fleischfresser.
b) Ja
c) Nein, es ist Allesfresser.

Der Gepard

Wer zieht den kleinen Geparden auf?

a) Der Vater
b) Die Mutter
c) Vater und Mutter

In welchem Alter kann der Gepard auf Bäume klettern?

a) Nur als Jungtier
b) Nur als ausgewachsenes Tier
c) Sein Leben lang

Der Elefant

Wie nennt man den Schrei des Elefanten?

a) Bellen
b) Trompeten
c) Kreischen

Wie viel wiegt ein Elefantenbulle?

a) Eine bis drei Tonnen
b) Vier bis fünf Tonnen
c) Fünf bis sieben Tonnen

Der Pavian

Was für eine Schnauze hat der Pavian?

a) Eine lang gestreckte
b) Eine abgeflachte
c) Eine in Schnabelform

Haben alle Paviane eine Mähne?

a) Nein, nur die Männchen
b) Nein, nur die Weibchen
c) Ja, sowohl Männchen als auch Weibchen

Das Krokodil

Was schützt die Haut des Krokodils?

a) Eine breite Fettschicht
b) Dicke, hornige Schuppen
c) Struppige Borsten

Was macht die Krokodilmutter mit ihren Kleinen gleich nach dem Schlüpfen?

a) Sie trägt sie im Maul ins Wasser.
b) Sie legt sie in ein Nest aus Pflanzenteilen.
c) Sie vergräbt sie im Sand.

Die Gazelle

Bringt die Gazelle ihr Junges allein zur Welt?

a) Nein, sie bleibt bei ihrer Herde.
b) Nein, sie geht zusammen mit dem Männchen zu einem geschützten Ort.
c) Ja, sie verläßt die Herde, um allein zu sein.

Wie sieht das Fell der Gazelle aus?

a) Es ist einfarbig.
b) Es wird beidseitig von einem schwarzen Streifen durchzogen.
c) Es ist gefleckt.

Der Büffel

Wann wird der Büffel geboren?

a) Meistens morgens
b) Meistens am frühen Nachmittag
c) Meistens am frühen Abend

Wird der Büffel schon mit Hörnern geboren?

a) Ja, er hat große Hörner.
b) Nein, er hat keine Hörner.
c) Ja, er hat ganz kleine Hörner.

Das Warzenschwein

Wo werden die kleinen Warzenschweine geboren?

a) In einem Erdbau
b) In einem gräsernen Nest
c) Am Fuß eines Baumes

Wie nennt man das kleine Warzenschwein?

a) Jungling
b) Frischling
c) Kleinling

Das Murmeltier

Was macht die Murmeltiermama, wenn sie einen Adler sieht?

a) Sie schreit.
b) Sie pfeift.
c) Sie singt.

Wie verbringen Murmeltiere den Winter?

a) Sie schlafen.
b) Sie spielen.
c) Sie schlittern über den Schnee.

Die Gämse

Wie lang wird die kleine Gämse von ihrer Mutter gesäugt?

a) Zwei Monate
b) Sechs Monate
c) Zwei Jahre

Wie ruft die kleine Gämse nach ihrer Mutter?

a) Sie bellt.
b) Sie meckert.
c) Sie miaut.

Der Braunbär

Wann werden Bärenkinder geboren?

a) Im Winter
b) Im Frühling
c) Im Sommer

Was hat der Braunbär an seinen Tatzen?

a) Fingernägel
b) Hufe
c) Lange Krallen

Der Steinbock

Zu welcher Gattung gehört der Steinbock?

a) Zur Gattung der Rinder
b) Zur Gattung der Hunde
c) Zur Gattung der Ziegen

Was frisst der Steinbock?

a) Gräser
b) Insekten
c) Murmeltiere

Der Luchs

Was machen junge Luchse, um für die spätere Jagd zu trainieren?

a) Sie klettern auf den Rücken ihrer Mutter.
b) Sie spielen Verstecken.
c) Sie springen nach herumwirbelnden Blättern und Insekten.

Wann sind Jungluchse selbstständig?

a) Wenn sie ein halbes Jahr alt sind.
b) Wenn sie ein Jahr alt sind.
c) Wenn sie zwei Jahre alt sind.

Der Steinadler

Wer ist größer – das Weibchen oder das Männchen?

a) Das Weibchen
b) Das Männchen
c) Sie sind gleich groß.

Was frisst der Steinadler?

a) Samenkörner
b) Regenwürmer
c) Murmeltiere, Hasen und junge Gämsen

Der Mufflon

Wie nennt man das kleine Mufflon?

a) Mufflonchen
b) Schäfchen
c) Lamm

Welche Geschwindigkeit kann der Mufflon erreichen?

a) Fast 30 Kilometer pro Stunde
b) Fast 60 Kilometer pro Stunde
c) Fast 80 Kilometer pro Stunde

Das Hermelin

Was hat man früher aus Hermelinfell gefertigt?

a) Kopfkissen
b) Königsmäntel
c) Waschlappen

Wo werden Hermelinjunge geboren?

a) In einem Steinhaufen
b) Auf einem Baum
c) Auf einem Polster aus Blättern

Der Apollofalter

Wie oft häutet sich die Raupe des Apollofalters?

a) Einmal
b) Zweimal
c) Viermal

Welche Farbe hat die Raupe des Apollofalters?

a) Gelb
b) Weiß
c) Schwarz mit gelben Punkten

Das Alpenschneehuhn

Wo baut das Schneehuhn sein Nest?

a) Auf einem Baum
b) In einem Strauch
c) Im Gras

Woran erinnern die Beine des Schneehuhns?

a) An die Beine eines Adlers
b) An die Beine eines Hasen
c) An die Beine einer Taube

Die Forelle

Was für ein Wasser braucht die Forelle für die Eiablage?

a) Salzwasser
b) Klares, sauberes Wasser
c) Warmes Wasser

Wie ernährt sich die frisch geschlüpfte Forelle?

a) Aus der Nahrungsreserve im eigenen Bauch
b) Sie wird von der Mutter gefüttert.
c) Sie braucht kein Futter.

Die richtigen Antworten:

Lösungen Bilderrätsel:

1. Löwe; 2. Büffel; 3. Hyäne; 4. Pavian; 5. Flusspferd; 6. Krokodil; 7. Mufflon; 8. Murmeltier; 9. Steinbock; 10. Hermelin; 11. Schneehuhn; 12. Gämse

Lösungen Quizfragen:

Der Löwe

a) Nur das Männchen trägt eine Mähne.
c) Bei der Geburt ist das Fell des Löwenbabys gefleckt.

Das Flusspferd

a) Der wissenschaftliche Name ist Hippopotamus.
c) Die Haut des kleinen Flusspferdes ist sehr zart.

Die Giraffe

a) Die Giraffe bringt ihr Kleines stehend zur Welt.
c) Im ersten Lebensjahr wächst die Giraffe ungefähr zehn Zentimeter pro Monat.

Die Hyäne

c) Nachts sind Hyänenkinder ganz allein.
b) Die Hyäne ist ein Fleischfresser.

Das Zebra

b) Wenn das Zebra geboren wird, sind seine Streifen braun.
a) Zebras werden meistens in der Regenzeit geboren.

Der Leopard

a) Der Leopard sieht in der Dunkelheit sehr gut.
c) Das Fell des neugeborenen Leoparden ist braun.

Der Strauß

c) Männchen und Weibchen brüten die Eier aus.
c) Der Strauß ist flugunfähig.

Das Nashorn

c) Das Nashornjunge bleibt zwei bis drei Jahre bei seiner Mutter.
b) Das Nashorn ist ein Pflanzenfresser.

Der Gepard

b) Der kleine Gepard wird nur von seiner Mutter aufgezogen.
a) Der Gepard kann nur als Jungtier auf Bäume klettern.

Der Elefant

b) Den Schrei des Elefanten nennt man Trompeten.
c) Elefantenbullen wiegen fünf bis sieben Tonnen.

Der Pavian

a) Der Pavian hat eine lang gestreckte Schnauze.
a) Nur das Pavianmännchen hat eine Mähne.

Das Krokodil

b) Die Haut des Krokodils ist von dicken, hornigen Schuppen überzogen.
a) Die Krokodilmutter trägt ihre Kleinen direkt nach dem Schlüpfen in ihrem Maul ins Wasser.

Die Gazelle

c) Die Gazelle verlässt ihre Herde, um ihr Junges allein zur Welt zu bringen.
b) Das Fell der Gazelle wird beidseitig von einem schwarzen Streifen durchzogen.

Der Büffel

b) Kleine Büffel kommen meistens am frühen Nachmittag zur Welt.
b) Büffel werden ohne Hörner geboren.

Das Warzenschwein

a) Warzenschweine werden in einem Erdbau geboren.
b) Das kleine Warzenschwein nennt man Frischling.

Das Murmeltier

b) Die Murmeltiermama pfeift, wenn sie einen Adler sieht.
a) Murmeltiere halten Winterschlaf.

Die Gämse

a) Die kleine Gämse wird zwei Monte gesäugt.
b) Das Gamsjunge meckert wie eine Ziege, um nach seiner Mutter zu rufen.

Der Braunbär

a) Braunbärkinder werden im Winter geboren.
c) Der Braunbär hat lange Krallen an den Tatzen.

Der Steinbock

c) Der Steinbock gehört zur Gattung der Ziegen.
a) Der Steinbock frisst Gräser.

Der Luchs

c) Um für die spätere Jagd zu trainieren, springen junge Luchse nach Blättern und Insekten.
b) Luchse sind mit einem Jahr selbstständig.

Der Steinadler

a) Das Steinadlerweibchen ist größer als das Steinadlermännchen.
c) Der Steinadler frisst Murmeltiere, Hasen und junge Gämsen.

Der Mufflon

c) Das kleine Mufflon wird Lamm genannt.
b) Der Mufflon erreicht eine Geschwindigkeit von 60 Kilometern pro Stunde.

Das Hermelin

b) Früher hat man die Mäntel der Könige aus Hermelinpelz gefertigt.
a) Hermelinjunge werden oft in einem Steinhaufen geboren.

Der Apollofalter

c) Die Raupe häutet sich viermal.
c) Die Raupe ist schwarz mit gelben Punkten.

Das Alpenschneehuhn

c) Das Schneehuhn baut sein Nest am Boden im Gras.
b) Die Beine des Schneehuhns erinnern an die Beine eines Hasen.

Die Forelle

b) Die Forelle braucht für die Eiablage klares, sauberes Wasser.
a) Die frisch geschlüpfte Forelle ernährt sich aus der Nahrungsreserve im eigenen Bauch.

Glossar

Akazie
Ein Baum, der in der afrikanischen Savanne wächst. Seine Zweige haben Dornen und seine Blüten wachsen traubenförmig.

Allesfresser
Ein Tier, das sich von Pflanzen und Fleisch ernährt.

Beutetier
Ein Tier, das einem anderen Tier als Nahrung dient.

Daunen
Die ersten flauschigen Federn des Jungvogels.

Drüse
Kleines Organ, das einen bestimmten Körperstoff herstellt, zum Beispiel Schweiß oder die Flüssigkeit, mit der ein Tier sein Revier markiert.

Fleischfresser
Ein Tier, das sich fast ausschließlich von Fleisch ernährt. Löwen, Hyänen und Krokodile, aber auch Luchse und Steinadler sind Fleischfresser.

Ginsterkatze
Eine afrikanische Schleichkatze mit hellem, schwarz geflecktem Fell. Sie gehört zur Klasse der Säugetiere und ist Fleischfresser.

Gnu
Das Gnu ist eine afrikanische Antilope. Es hat einen Bart und eine Kopfmähne. Das Gnu ist ein Säugetier und Pflanzenfresser.

Laich
Wenn Fische ihre Eier ablegen, sagt man, sie laichen. Folglich wird das Eigelege „Laich" genannt.

Mungo
Ein Tier mit lang gestrecktem Körper, kurzen Beinen und langem Schwanz. Es gehört zur Klasse der Säugetiere und ist Fleischfresser.

Metamorphose
Metamorphose bedeutet Verwandlung. Viele Tiere durchlaufen während ihrer Entwicklung zum fertigen Lebewesen eine Metamorphose. Sie bilden Larven und verändern ihr Aussehen einmal oder mehrmals.

Pflanzenfresser
Ein Tier, das sich hauptsächlich von Gras und anderen Pflanzen ernährt. Flusspferde, Giraffen und Elefanten zählen ebenso zu den Pflanzenfressern wie Steinböcke oder Mufflons.

Puppe
Die zweite Stufe der Verwandlung im Leben eines Insekts nach der Larve. Aus der Puppe schlüpft das erwachsene Tier.

Revier
Ein Gebiet, das ein Tier in Besitz nimmt und gegen Artgenossen verteidigt.

Säugetier
Ein Tier, das seine Jungen mit Muttermilch säugt.

Tasthaare
Sehr empfindliche Haare, die bestimmten Tieren helfen, sich in der Wildnis zu orientieren. Tasthaare sind zum Beispiel die Schnurrbarthaare der Raubkatzen.

Widerrist
Der Widerrist ist der erhöhte Übergang vom Hals zum Rücken bei Vierbeinern.

Wiederkäuen
Manche Tiere schlucken ihre pflanzliche Nahrung unzerkaut, würgen sie wieder hervor und zerkleinern sie erst dann gründlich, bevor sie endgültig in den Magen gelangt. Diesen Vorgang nennt man Wiederkäuen. Der Büffel zum Beispiel ist ein Wiederkäuer.

Winterschlaf
Manche Säugetiere halten Winterschlaf. Sie fressen sich vor Einbruch der Kälte große Fettreserven an, suchen sich ein sicheres Plätzchen und fallen dort in tiefen Schlaf. Ihre Körpertemperatur sinkt, ihre Atmung und ihr Herzschlag werden deutlich langsamer.

Wurf
Alle Jungen, die zur gleichen Zeit von einem Säugetierweibchen geboren werden, gehören zu einem Wurf.

Bildnachweis

(o = oben; u = unten; M = Mitte; l = links; r = rechts)

Umschlagfoto Löwenbaby: Fotolia/Eric Isselée

©**Arioko**
Arndt: 74f.; Albert: 82 u.; Greyo: 89, 112

©**Biosphoto**
Grégory Mairet: 77; Cyril Ruoso: 78 o., 88 o., 132; Yves Vallier: 79 u.; Eric Ferry 81, 82 o.; Stefan Huwiler/Imagebroker: 83 o; Christophe Cariran: 83 u.; Ghislain Simard: 109; Jordi Bas Casas/Photoshot: 111 u.; Olivier Born: 85, 115, 116; Robert Henno: 87 u.l.; Jean-Luc Guet: 90 M., 106 u.; David Allemand: 113; Markus Varesvuo: 114 o., 114 u.; J.-L. Klein & M.-L. Hubert: 93; Henry Ausloos: 94 u.; Pierre Vernay: 95 u., 102 o., 105; Hugo Willcox/Wildlife Pictures: 117; Science Pictures Ltd/Science Photo Library: 118; Denis Bringard: 119 o.; Jean-Lou Zimmermann: 119 u.; Mike Lane: 95; Annie & Jean-Claude Malausa: 98 u.; Stephen Dalton/Photoshot: 99 o.; Stéphane Godin: 101; Winfried Schaefer/Imagebroker: 102 u.; Sylvain Cordier: 103 o.; Fabien Grébian: 107 o.; Oriol Alamany: 107 u.

©**Bios/Phone**
Ferrero/Labat: 12f.; M. und C. Denis-Huot: 16 u., 23 o., 67 u., 68 M.; J-M Labat: 27 o., 56 o.; Hal Brindley/Visual and Written: 39 o.; Mark Boulton: 40 u.; Theo Allofs: 47 u.; Dennis Nigel: 45 u.; Nicolas Granier: 73, 44 o.; Martin Harvey: 60 o.; J.K. Klein und M.L. Hubert: 67 o.

©**Colibri**
15 o., 19 o., 23 u., 24 o., 40 o., 41 o., 50, 57 u., 63 o., 72 u.l., 72 u.r.

©**Gérard Bondeau**
110 o., 110 u.

©**Hoaqui/Jacana**
Michel Denis-Huot: 14 u., 17 o., 51 o., 36 o.; Anup und Manoj Shah: 17 u., 20 o., 66, 49 u., 53 o.; Anup Shah/Natura PL: 18, 20 u., 72 o.r., 52 o.l., 60 u., 62, 44 u., 34, 35 o., 35u.; Mike Wilkes/Natura PL: 19 u., 21 o.l.; Sylvain Cordier: 21 u., 58f.; Werner Bollmann/Age Fotostock: 26, 68 u.r.; T.J. Rich/Natura PL: 31 u., 47o., 49 o.; Richard du Toit/Natura PL: 69 u.; Morales/Age Fotostock: 41 o., 51 u.; Peter Blackwell/Natura PL: 46; Martin Rugner/Age Fotostock: 54; Krank Krammer/Age Fotostock: 55 u.; Richard Kirby/Natura PL: 61 u.; Fritz Polking: 36 u.

©**Photo12.com**
Alamy: 76, 78 u., 79 o., 80, 108, 111 o., 84, 86, 87 o., 87 u.r., 88, 90 u., 94, 114 M., 92, 94 o., 95 o., 96, 98 o., 99 u., 100, 103 u., 104, 106 o.

©**Sunset**
Gérard Lacz: 14, 16 o., 25 u., 27 u., 48 o., 55 o., 56 u., 57 u., 61 o., 63 o., 64 o., 65 o., 43 o., 45 o., 37 o., 37 u.; Joe Mc Donald/Animals Animals: 22; Martin Harvey: 24 u., 28 o., 33 u., 38/; Foto Natura/FLPA: 48 u., 43 u.; Jim Tuten/Animals Animals: 25 o.; Nigel Dennis: 29 o./NHPA 65 u., 71 o.; Bedell, Daniel Al/Animals Animals: 28 u.; Hoziron Vision: 29 u., 32 o., 57 o.; NHPA/Kevin Schafer: 30; Winfried Wisniewski/FLPA: 31 o.; Fritz Pokling/FLPA: 32 u., FLPA 33 o., 43; NHPA/Daryl Balfour: 70; Martin Woike/FotoNatura/FLPA: 71 u.; Brake 63 u.

©**Fotolia**
Mattiath: 6; Coy St. Clair: 8; Eric Isseleé: 77 o.; Photoerick: 89 o.; hakoar: 105 o.; pinkbird: 109 o.; Photocreo Bednarek: 124f.; Nick Dale 135.

©**Shutterstock**
Menno Schaefer: 113 o.

Bibliografische Information der Deutschen Nationalbibliothek

Die Deutsche Nationalbibliothek verzeichnet diese Publikation
in der Deutschen Nationalbibliografie; detaillierte bibliografische
Daten sind im Internet über **http://dnb.d-nb.de** abrufbar.

3 2 1 C B A

© 2016 Ravensburger Buchverlag Otto Maier GmbH,
Postfach 1860, 88188 Ravensburg
Alle Rechte, auch die des auszugsweisen Nachdrucks, der
fotomechanischen Wiedergabe und der Übersetzung vorbehalten.

Titel der Originalausgaben: Les petit d'animaux de la montagne;
Les petit d'animaux de la savane
Rechte der Originalausgaben:
Mango Jeunesse, 15/27 Rue Moussorgski, 75018 Paris, Frankreich,
www.fleuruseditions.com
Texte: Carine Mayo, Hélène Montardre

Übersetzung aus dem Französischen: Hannelore Leck-Frommknecht

Printed in Germany

ISBN 978-3-473-55431-7

www.ravensburger.de